Petra Probst

Logischer Rätselspaß zur Lese- und Wahrnehmungsförderung

144 differenzierte Logicals – schon ab Klasse 1

Kopiervorlagen und Lösungen

8. Auflage 2025

Autorin: Petra Probst
Illustrationen: Simone Ochsner
Satz: tebitron gmbh, Gerlingen
Druck und Bindung: Korrekt Nyomdaipari Kft., Budapest
ISBN 978-3-403-**06570**-8

www.auer-verlag.de

Inhaltsverzeichnis

1 Konzept

Was sind Logicals?

- Logicals sind Aussagerätsel.
- Es geht darum, den geschriebenen Text zu lesen, zu verstehen und die Beziehungen der einzelnen Aussagen zu erfassen.
  Deshalb können die Logicals fächerübergreifend eingesetzt werden.
- Nach erfolgter Einführung werden die Logicals selbstständig bearbeitet. Sie eignen sich deshalb auch als «Zusatzfutter» für die Schnellen.
- Sie können als Einstieg für Textaufgaben im Mathematikunterricht eingesetzt werden.
- Die Logicals vermitteln neben einer systematischen Arbeitstechnik auch Freude am Knobeln.
- Ähnlich wie bei einem Kochrezept oder einer Gebrauchsanweisung tut man bei den Logicals etwas (ausmalen, zeichnen oder schreiben).
- Punkt für Punkt rückt das Ziel näher. Am Schluss liegt der «bunte Erfolg» (das vervollständigte Bild) auf dem Tisch.

Lernziele

- genaues Lesen
- Textverständnis
- logisches Denken fördern
- systematische Arbeitsweise fördern
- Freude am Knobeln
- Selbstvertrauen fördern

2 Schwierigkeitsgrad

Vier Schwierigkeitsstufen

Zu den 18 verschiedenen Themen gibt es je vier Logicals mit unterschiedlichen Schwierigkeitsstufen.

Logical 1	*einfach*	• Linear, d. h. jeder Aussage kann direkt eine Information entnommen und sofort umgesetzt werden. (Kochrezept oder Gebrauchsanweisung) • ab Leseerwerb 1. Klasse
Logical 2	*mittel*	• Nicht mehr linear, d.h. es kann nicht mehr der Reihe nach gearbeitet werden. Aber die einzelnen Bereiche sind immer noch untereinander aufgeführt: z. B. 1.–3. Hut, 4.–6. Jacke, 7.–8. Schuhe
Logical 3	*schwierig*	• Alle Bereiche sind vermischt.
Logical 4	*anspruchsvoll*	• Wie (3), es müssen jedoch Informationen zu 4 Bildern verarbeitet werden.

Abstufung innerhalb einer Stufe

Innerhalb jeder Stufe bestehen drei Feinabstufungen:

- Logicals mit ■ sind am einfachsten zu lösen.
- Logicals mit ■ ■ sind etwas schwieriger als solche mit ■.
  Es müssen 2 (oder 3) Aussagen miteinander kombiniert werden.
- Logicals mit ■ ■ ■ sind innerhalb ihrer Schwierigkeitsstufe knifflig.

Übersicht der Logicals und ihrer Feinabstufungen in der im Buch umgesetzten Sortierung:

	Logical 1	Logical 2	Logical 3	Logical 4
Clowns	■	■	■	■
Häuser	■	■	■	■
Pferde	■	■	■	■
Blumen	■	■	■	■■
Fische	■	■	■	■■
Käfer	■	■	■	■■
Indianer	■	■	■	■■
Außerirdische	■	■	■■	■
Eisbecher	■	■	■■	■
Vögel	■	■	■■	■
Zirkus	■	■	■■	■■
Kuchen	■	■■	■	■■
Zwerge	■	■■	■■	■
Früchte	■■	■	■	■■
Sport	■■	■■	■	■
Hunde	■	■■	■■	■■
Ostereier	■	■■	■■	■■
Regenwetter	■	■■	■■	■■
Schiffe	■	■■	■■	■■
Schmetterlinge	■■	■	■■	■■
Frösche	■■	■■	■■	■
Sonnenschein	■■	■■	■■	■■
Bilder	■	■	■	■■■
Drachen	■	■	■	■■■
Transportmittel	■	■	■	■■■
Hasen	■	■	■■■	■
Katzen	■	■	■■■	■
Möbel	■	■	■■■	■
Telefone	■	■	■■■	■
Uhren	■	■	■■	■■■
Gefäße	■	■■	■■■	■
Prinzessinnen	■	■■	■■■	■
Gemüse	■	■■■	■	■■
Schnecken	■	■■	■■	■■■
Prinzen	■■	■■	■■■	■■
Hexen	■	■■	■■■	■■■

Alphabetische Übersicht der Logicals mit Seitenangaben:

	Logical 1	Seite	Logical 2	Seite	Logical 3	Seite	Logical 4	Seite
Außerirdische	■	14	■	32	■■	50	■	68
Bilder	■	22	■	40	■	58	■■■	76
Blumen	■	12	■	30	■	48	■■	66
Clowns	■	11	■	29	■	47	■	65
Drachen	■	22	■	40	■	58	■■■	76
Eisbecher	■	15	■	33	■■	51	■	69
Fische	■	13	■	31	■	49	■■	67
Frösche	■■	21	■■	39	■■	57	■	75
Früchte	■■	17	■	35	■	53	■■	71
Gefäße	■	26	■■	44	■■■	62	■	80
Gemüse	■	27	■■■	45	■	63	■■	81
Hasen	■	23	■	41	■■■	59	■	77
Häuser	■	11	■	29	■	47	■	65
Hexen	■	28	■■	46	■■■	64	■■■	82
Hunde	■	18	■■	36	■■	54	■■	72
Indianer	■	14	■	32	■	50	■■	68
Käfer	■	13	■	31	■	49	■■	67
Katzen	■	24	■	42	■■■	60	■	78
Kuchen	■	16	■■	34	■	52	■■	70
Möbel	■	24	■	42	■■■	60	■	78
Ostereier	■	19	■■	37	■■	55	■■	73
Pferde	■	12	■	30	■	48	■	66
Prinzen	■■	28	■■	46	■■■	64	■■	82
Prinzessinnen	■	26	■■	44	■■■	62	■	80
Regenwetter	■	19	■■	37	■■	55	■■	73
Schiffe	■	20	■■	38	■■	56	■■	74
Schmetterlinge	■■	20	■	38	■■	56	■■	74
Schnecken	■	27	■■	45	■■	63	■■■	81
Sonnenschein	■■	21	■■	39	■■	57	■■	75
Sport	■■	18	■■	36	■	54	■	72
Telefone	■	25	■	43	■■■	61	■	79
Transportmittel	■	23	■	41	■	59	■■■	77
Uhren	■	25	■	43	■■	61	■■■	79
Vögel	■	15	■	33	■■	51	■	69
Zirkus	■	16	■	34	■■	52	■■	70
Zwerge	■	17	■■	35	■■	53	■	71

3 Vorbereitungen

Standort	• Die Positionen bei den Logicals sind immer vom Betrachter aus gesehen!
Einstiegs-schwierigkeit	• Es hat sich gezeigt, dass viele Kinder beim Erfassen einer Aufgabe Mühe haben, sodass ihnen eine abstrakte Umsetzung nicht möglich ist. Viele geben bereits auf, bevor sie richtig angefangen haben. Das Aufbauen von Selbstvertrauen gehört, neben dem Aufzeigen von Lösungstechniken, in die Einführungsphase. Logicals lösen kann gelernt werden.
Raum-orientierung	• Als Einführung ist es empfehlenswert, die Raumorientierung in Erinnerung zu rufen und Begriffe handelnd zu klären: – links – Mitte – rechts – vorne – Mitte – hinten – oben – Mitte – unten – zwischen – am Rande Hierzu kann das Positionsblatt von S. 10 verwendet werden, auf dem die Schüler mithilfe von selbstgezeichneten Gegenständen die richtige Begriffszuordnung festhalten.
Gemeinsam lösen	• Gemeinsam ein einfaches Logical lösen (satzweise an der Wandtafel, am Tageslichtprojektor, als Diktat in der Klasse oder als Partnerarbeit).
Lösungshilfen	• Lösungshilfen (siehe Seite 9) besprechen, vor allem ab dem Schwierigkeitsgrad 2.
Eigentätigkeit fördern	• Kinder eigene Logicals erfinden lassen. • Kinder anhalten, über Arbeitstechniken zu reflektieren und danach zu handeln.

4 Lösungshilfen

- Die Positionen sind immer von dir aus gesehen.
  Wenn nötig, erstelle dein eigenes Positionsblatt oder schreibe die Positionen zu den Bildern auf das Blatt.
- Lies Satz für Satz sorgfältig durch!
- Immer wenn du etwas sicher weißt, führe das Entsprechende in den Bildern aus!
- Vielleicht hilft es dir, wenn du die Farben, die im Text vorkommen, mit entsprechender Farbe unterstreichst.
- Streiche jeden Punkt, den du bearbeitet hast, durch!
- Gehe das Logical so oft durch, bis du alle Punkte durchstreichen konntest!
- Logicals mit ■ sind einfacher zu lösen.
- Logicals mit ■ ■ sind etwas schwieriger als solche mit einem Kästchen. Zwei Aussagen müssen miteinander verbunden werden.
- Logicals mit ■ ■ ■ sind knifflig.
- Wenn du nicht mehr weiterkommst, überlege:
  - Was weiß ich schon?
  - Was weiß ich noch nicht?
  - Was ist sicher?
- Zusätzliche Hilfen:
  - Unterstreiche alle «nicht» und «kein».
  - Unterstreiche alle Angaben zu einem speziellen Bereich (z.B. Krone, Frosch oder Name) mit einer speziellen Linie.

5 Positionsblatt

links – Mitte – rechts

oben – Mitte – unten

hinten – Mitte – vorne

vorne – Mitte – hinten

Clowns

1 ☐☐■

Male die Hüte, Jacken, Hosen und Schuhe der Clowns richtig aus!

1. Der Clown rechts trägt einen blauen Hut.
2. Der Clown mit dem roten Hut steht nicht neben dem Clown mit dem blauen Hut.
3. Der Clown mit dem orangen Hut trägt eine grüne Jacke.
4. Rechts steht der Clown mit der gelben Jacke.
5. Links steht der Clown mit der blauen Jacke.
6. Der Clown in der Mitte trägt braun gestreifte Hosen und schwarze Schuhe.
7. Der Clown links trägt orange gepunktete Hosen.
8. Der Clown rechts trägt rote Hosen.
9. Die Clowns am Rand tragen violette Schuhe.

Häuser

1 ☐☐■

Male die Häuser und die Türen richtig aus!
Schreibe in die Kästchen, wer in welchem Haus wohnt!

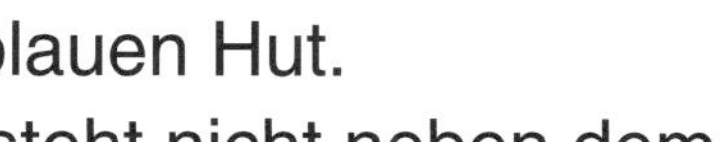

1. Das Haus in der Mitte ist rot.
2. Das rechte Haus ist braun.
3. Das Haus links ist violett.
4. Das braune Haus hat eine grüne Tür.
5. Die mittlere Tür ist gelb.
6. Das Haus links hat eine orange Tür.
7. Rechts wohnt Familie Seiler.
8. In der Mitte wohnt Familie Moreno.
9. Im violetten Haus wohnt Familie Kunz.

Pferde

1 □□■

Male die Mähnen, Schweife und Felle der Pferde richtig aus!
Schreibe in die Kästchen, wie die Pferde heißen!

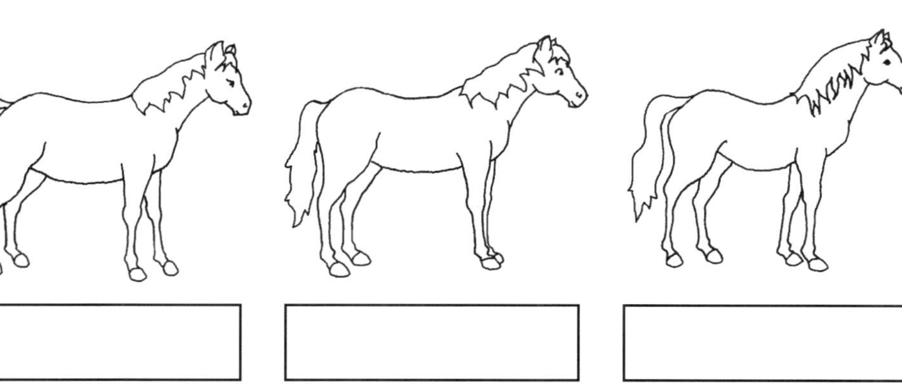

1. Das hinterste Pferd hat eine gelbe Mähne und einen gelben Schweif.
2. Vor dem Pferd mit der braunen Mähne und dem braunen Schweif steht kein anderes.
3. Das Pferd mit der schwarzen Mähne und dem schwarzen Schweif steht in der Mitte.
4. Das Pferd, das zwei andere vor sich hat, hat ein braunes Fell und heißt Hanko.
5. Das Pferd mit dem schwarzen Fell steht vorne und heißt Prinz.
6. Das Pferd mit dem weißen Fell heißt Bianca.

Blumen

1 □□■

Zeichne die fehlenden Blüten- und Stielblätter der Blumen ein.
Male die Blumen richtig aus.

1. Die mittlere Blume hat fünf gelbe runde Blütenblätter.
2. Die Blume links hat vier rote spitze Blütenblätter.
3. Die Blume rechts hat fünf blaue runde Blütenblätter.
4. Die Blumen am Rand sind in der Mitte der Blüte violett.
5. Die Blume mit den vier hellgrünen spitzen Stielblättern ist in der Mitte der Blüte blau.
6. Die Blume links hat fünf dunkelgrüne runde Stielblätter.
7. Eine Blume hat fünf hellgrüne runde Stielblätter.
8. Die Stielfarbe der Blumen ist jeweils gleich wie die der Stielblätter.

Fische

1 ☐☐■

Male die Fische und deren Köpfe richtig aus.
Schreibe in die Kästchen, wo die Fische schwimmen.

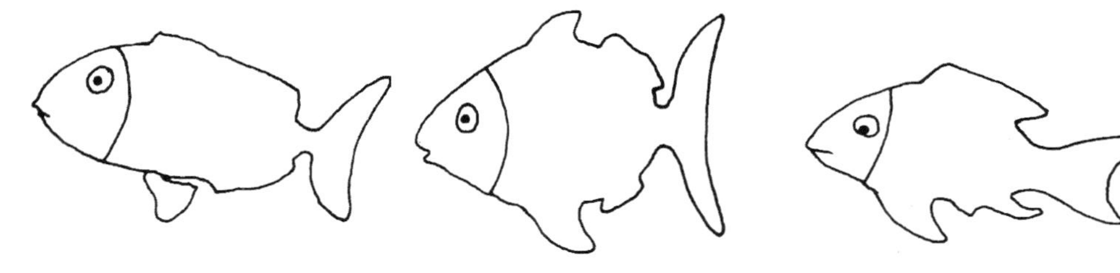

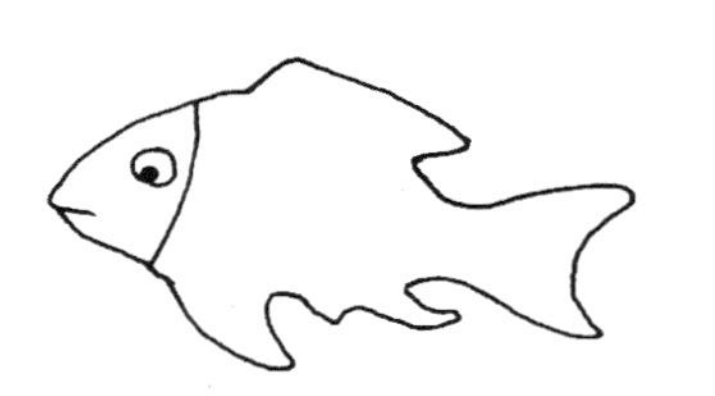

1. Der vorderste Fisch hat einen gelben Kopf.
2. Der Fisch direkt hinter dem vordersten Fisch hat einen grünen Kopf.
3. Der hinterste Fisch hat einen orangen Kopf.
4. Der blaue Fisch schwimmt hinter dem Fisch mit dem grünen Kopf.
5. Der vorderste Fisch ist rot.
6. Der violette Fisch schwimmt im Meer.
7. Der Fisch, der im See schwimmt, hat einen gelben Kopf.
8. Der blaue Fisch schwimmt im Fluss.

Käfer

1 ☐☐■

Male die Köpfe, Flügel und Beine der Käfer richtig aus.

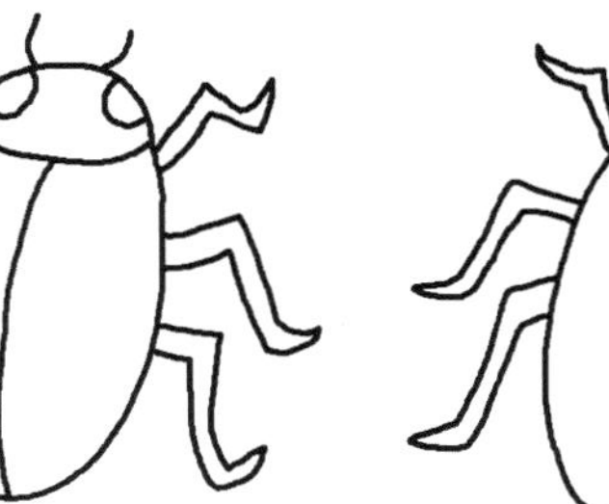

1. Der Käfer links hat einen grünen Kopf.
2. Der Käfer rechts hat einen roten Kopf.
3. Der mittlere Käfer hat dieselbe Kopffarbe wie der Käfer links.
4. Die Käfer am Rand haben blaue Flügel.
5. Der Käfer mit den orangen Flügeln hat braune Beine.
6. Der Käfer rechts hat grüne Beine.
7. Ein Käfer hat schwarze Beine.

Indianer

1

Schreibe die Namen der Indianer in die Kästchen!
Male die Federn und die Kleider der Indianer richtig aus!

1. Starker Bär steht links.
2. Flinker Hase steht rechts.
3. Große Wolke steht in der Mitte.
4. Der Indianer, der links von Flinker Hase steht, trägt eine blaue Feder.
5. Flinker Hase trägt eine rote Feder und braune Kleider.
6. Der Indianer mit der grünen Feder trägt blaue Kleider.
7. Große Wolke trägt orange Kleider.

Außerirdische

1

Male die Haare und Hosen der Tröns richtig aus.
Gib ihnen die richtige Hautfarbe.

1. Der hinterste Trön hat orange Haare.
2. Der Trön mit den violetten Haaren steht nicht direkt vor dem Trön mit den orangen Haaren.
3. Der mittlere Trön hat grüne Haare und eine rote Hautfarbe.
4. Hinter dem Trön mit den grünen Haaren steht der Trön mit der gelben Hautfarbe.
5. Die Hautfarbe eines Tröns ist gleich wie die Haarfarbe des Tröns hinter ihm.
6. Vor dem Trön in den längs blau-weiß gestreiften Hosen steht kein anderer.
7. Hinter dem Trön mit den grünen Haaren steht der Trön in den quer grün-blau gestreiften Hosen.
8. Die Hosenfarbe eines Tröns ist die gleiche wie die Haarfarbe des vordersten Tröns.

Eisbecher

1

Male die Eiskugeln und die Gläser richtig aus.
Zeichne die fehlenden Dekorationen.

1. In den Eisbechern außen ist je eine Kugel Erdbeer-, Vanille- und Schokoladeneis.
   (Erdbeere: rot, Vanille: gelb, Schokolade: braun)
2. Im mittleren Eisbecher sind zwei Kugeln Meloneneis (orange) und eine Kugel Vanilleeis (gelb).
3. Das rote Glas steht nicht außen.
4. Der Eisbecher rechts hat ein blaues Glas.
5. Der Eisbecher mit dem gelben Sonnenschirm als Dekoration hat ein grünes Glas.
6. Der Eisbecher mit der grünen Palme hat ein rotes Glas.
7. Ein Eisbecher hat eine rote Blume als Dekoration.

Vögel

1

Male das Gefieder, die Füße und die Schnäbel der Vögel richtig aus!

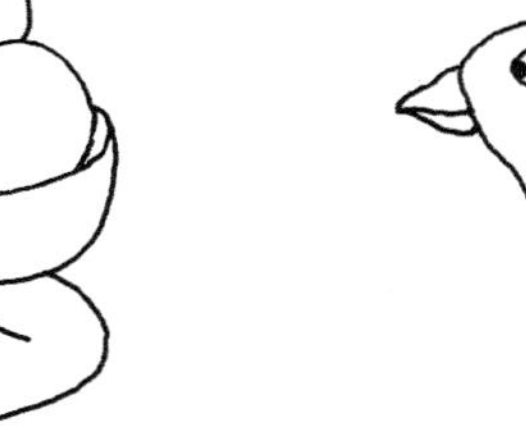

1. Der vorderste Vogel ist rot.
2. Der Vogel in der Mitte ist blau.
3. Der Vogel hinter dem blauen Vogel ist grün.
4. Der Vogel vor dem blauen Vogel hat gelbe Füße.
5. Der Vogel mit den roten Füßen steht nicht direkt hinter dem Vogel mit den gelben Füßen.
6. Der mittlere Vogel hat orange Füße.
7. Der hinterste Vogel hat einen gelben Schnabel.
8. Der Vogel mit dem roten Schnabel steht direkt vor dem Vogel mit dem gelben Schnabel.
9. Der vorderste Vogel hat einen orangen Schnabel.

Zirkus 1

Male die Zirkuszelte und deren Eingänge richtig aus.
Schreibe die Namen der Zirkusse in die Namensschilder.

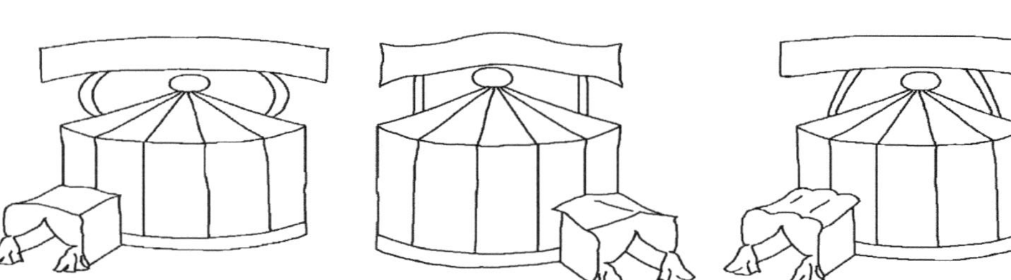

1. Das Zirkuszelt, das blau-rot gestreift ist, steht rechts.
2. Ein Zirkuszelt am Rand ist orange-gelb gestreift.
3. Das mittlere Zirkuszelt ist orange-grün gestreift.
4. Das Zirkuszelt, das kein Orange in seiner Zeltfarbe hat, gehört dem Zirkus Zumo.
5. Der Zirkus Pepe steht nicht in der Mitte.
6. Der Eingang des Zirkus Helix ist rot.
7. Der Zirkus, der mit dem letzten Buchstaben des Alphabets beginnt, hat einen orangen Eingang.
8. Der Zirkus links hat einen violetten Eingang.

Kuchen 1

Male die Kuchen und Kuchenplatten richtig aus!
Schreibe in die Kästchen, wem der Kuchen gehört!

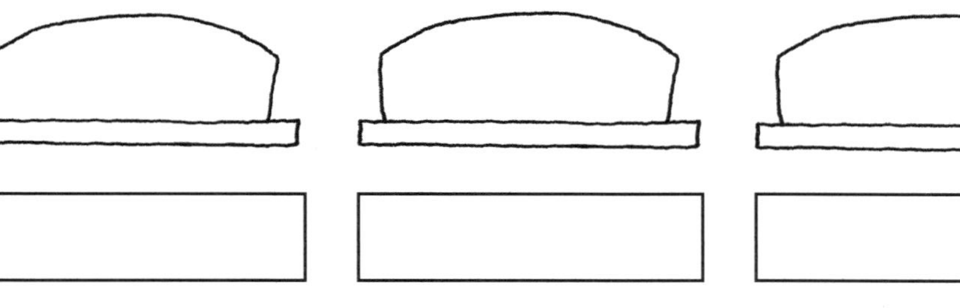

1. Der Kuchen rechts ist gelb.
2. In der Mitte steht der braune Kuchen.
3. Der orange Kuchen steht links.
4. Der linke Kuchen ist auf einer roten Kuchenplatte.
5. Der mittlere Kuchen ist auf einer grünen Kuchenplatte.
6. Rechts ist die blaue Kuchenplatte.
7. Der mittlere Kuchen gehört Sandro.
8. Der Kuchen rechts gehört Andrea.
9. Der Kuchen links gehört Daniel.

Zwerge

1

Male die Mützen, Jacken und Hosen der Zwerge richtig aus!
Schreibe die richtigen Namen in die Kästchen!

1. Der Zwerg in der Mitte trägt eine rote Mütze.
2. Der Zwerg links trägt eine blaue Mütze.
3. Der Zwerg rechts trägt eine grüne Mütze.
4. Der Zwerg, der links neben dem Zwerg mit der roten Mütze steht, trägt eine orange Jacke.
5. Der Zwerg mit der blauen Jacke steht nicht in der Mitte.
6. In der Mitte steht der Zwerg mit der gelben Jacke und der grünen Hose.
7. Der Zwerg links trägt rote Hosen und heißt Zwick.
8. Zottel trägt orange Hosen und steht neben Zwack.

Früchte

1

Zeichne die fehlenden Früchte in die Schalen.
Male die Schalen richtig aus.
Schreibe in die Kästchen, wem die Früchteschalen gehören.

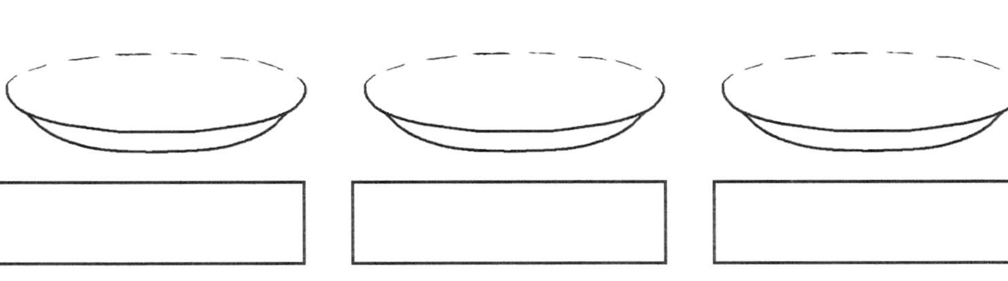

1. In der Schale links liegen drei Orangen und eine Banane.
2. In der Schale rechts sind zwei Äpfel und die gleiche Anzahl Bananen wie in der Schale links.
3. In der grünen Schale mit der Zitrone liegt eine Orange weniger als in der Schale links.
4. Die Schale, in der keine Orangen sind, ist blau.
5. In Claudias Schale befinden sich keine Bananen.
6. Florians Schale hat keine Orangen.
7. Beas Schale ist violett.

Sport

1

Male die Helme und Anzüge der Skifahrer richtig aus.
Schreibe die richtigen Startnummern in die Kästchen.

1. Der Skifahrer vorne trägt einen roten Helm.
2. Der Skifahrer hinten trägt keinen gelben Helm.
3. Der Skifahrer im gelben Anzug trägt einen blauen Helm.
4. Der Skifahrer im grünen Anzug fährt nicht vor dem Skifahrer mit dem blauen Helm.
5. Der Skifahrer im violetten Anzug hat mit der Startnummer 15 die höchste Nummer.
6. Der Skifahrer mit der Nummer 7, die halb so groß ist wie die dritte Startnummer, fährt ganz vorne.

Hunde

1

Male die Hunde und Halsbänder richtig aus!
Schreibe in die Kästchen, wie die Hunde heißen!

1. Der vorderste Hund ist braun.
2. Der schwarze Hund steht nicht direkt hinter dem braunen Hund.
3. Der Hund mit dem blauen Halsband ist gelb.
4. Hinter dem gelben Hund steht der Hund mit dem roten Halsband.
5. Lumpi hat ein grünes Halsband.
6. Momo steht zwischen Lumpi und Rex.

Petra Probst: Logischer Rätselspaß
© Auer Verlag

Ostereier

1

Zeichne die richtigen Muster auf die Eier.
Male die Eier in der richtigen Farbe aus.
Schreibe in die Kästchen, wer die Eier bemalt hat.

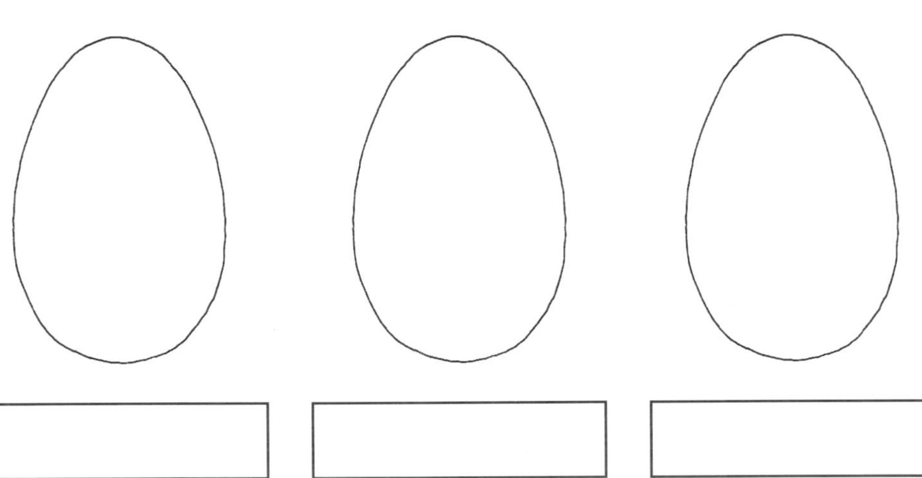

1. Das Ei in der Mitte hat drei rote Wellenlinien.
2. Links ist das Ei mit den zwei schwarzen Zickzacklinien.
3. Das Ei mit den vier blauen Querstreifen ist rot.
4. Neben dem roten Ei ist das orange Ei.
5. Selina hat das grüne Ei bemalt.
6. Laura hat das Ei rechts bemalt.
7. Beate hat auch ein Ei bemalt.

Regenwetter

1

Male die Regenschirme, Jacken und Gummistiefel der Kinder richtig aus.
Schreibe in die Kästchen, wie die Kinder heißen.

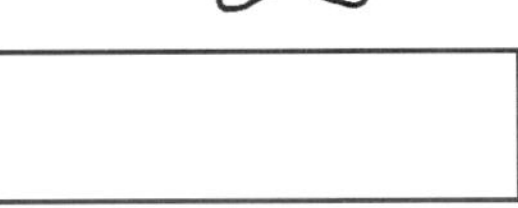

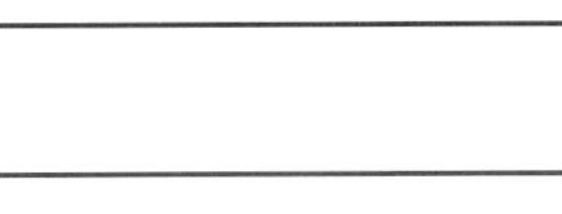

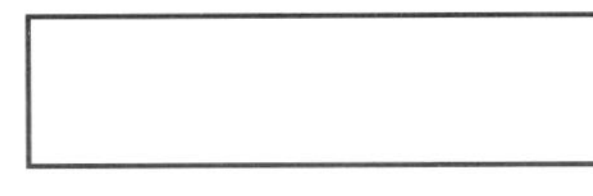

1. Der blaue Schirm ist nicht am Rand.
2. Der Schirm rechts ist gelb.
3. Ein Schirm ist grün.
4. Das Kind mit dem blauen Schirm trägt eine rote Jacke.
5. Links vom Kind mit der roten Jacke steht das Kind in der gelben Jacke.
6. Neben dem Kind mit der orangen Jacke steht das Kind mit den orangen Stiefeln.
7. Die Stiefel des Kindes rechts sind schwarz.
8. Nico trägt violette Stiefel.
9. Emil steht nicht neben Nico.
10. Ein Kind heißt Melissa.

Schiffe

1

Male die Schiffe und die Segel richtig aus.
Schreibe in die Kästchen, wem die Schiffe gehören.

1. Das mittlere Schiff hat ein gelbes Segel.
2. Das Schiff hinten hat ein grünes Segel.
3. Das Schiff vorne hat ein rotes Segel.
4. Das blaue Schiff schwimmt vor dem Schiff mit dem grünen Segel.
5. Hinter dem blauen Schiff schwimmt das orange Schiff.
6. Das violette Schiff gehört Sebastian.
7. Das Schiff mit dem grünen Segel gehört Christian.
8. Das blaue Schiff gehört Antonella.

Schmetterlinge

1

Male die Schmetterlinge richtig aus.

1. Der Schmetterling links hat einen braunen Körper.
2. Der Schmetterling mit dem gelben Körper ist nicht neben dem Schmetterling mit dem braunen Körper.
3. Sowohl der Körper des Schmetterlings in der Mitte als auch die Tropfen des Schmetterlings rechts sind schwarz.
4. Die Tropfen des Schmetterlings links sind orange.
5. Der Schmetterling mit dem schwarzen Körper hat violette Tropfen.
6. Die Flügel des Schmetterlings rechts haben dieselbe Farbe wie die Tropfen des Schmetterlings links.
7. Die Flügel des Schmetterlings in der Mitte sind nicht blau.
8. Ein Schmetterling hat rote Flügel.

Frösche

1

Male die Kronen und die Frösche richtig aus.
Schreibe in die Kästchen, wie die Frösche heißen.

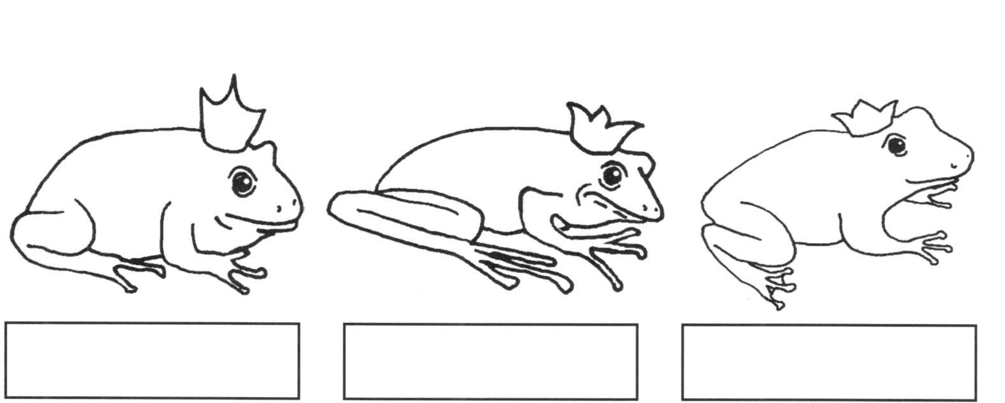

1. Der hinterste Frosch trägt eine rote Krone.
2. Der Frosch, der weder ganz vorne noch ganz hinten hockt, trägt eine gelbe Krone.
3. Der Frosch mit der blauen Krone ist hellgrün.
4. Der Frosch mit der roten Krone ist nicht dunkelgrün.
5. Der braune Frosch heißt Quak-Quak.
6. Hinter Quak-Quik hockt Quak-Quok.

Sonnenschein

1

Male die Sonnenhüte und Sonnenbrillen richtig aus.
Schreibe in die Kästchen, wie die Kinder heißen.

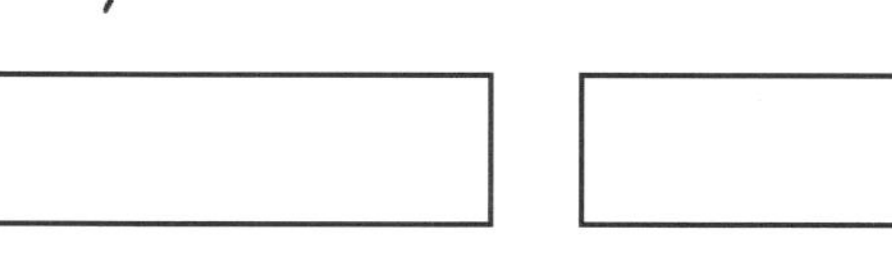

1. Weder das Kind rechts noch das Kind links trägt den roten Hut.
2. Das Kind links trägt einen violetten Hut.
3. Das Kind mit dem blauen Hut trägt eine gelbe Sonnenbrille.
4. Das Kind mit dem roten Hut trägt eine blaue Sonnenbrille.
5. Samuel trägt eine rote Sonnenbrille.
6. Katharina trägt keine gelbe Sonnenbrille.
7. Enzo trägt keinen violetten Hut.

Bilder

1

Male die Bilderrahmen und Bilder richtig aus!

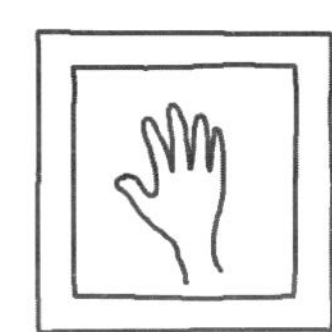

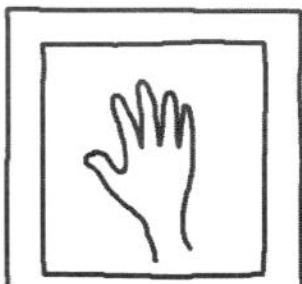

1. Das unterste Bild hat einen roten Rahmen.
2. Das Bild mit dem grünen Rahmen ist ganz oben.
3. In der Mitte hängt das Bild mit dem violetten Rahmen.
4. Über dem Bild mit der orangen Hand hängen zwei andere Bilder.
5. Das Bild mit der blauen Hand hängt in der Mitte.
6. Das Bild mit der roten Hand hat einen orangen Hintergrund.
7. Über dem Bild mit dem schwarzen Hintergrund hängen zwei andere Bilder.
8. In der Mitte hängt das Bild mit dem gelben Hintergrund.

Drachen

1

Schreibe in die Kästchen, wie die Drachen heißen!
Male die Drachen und deren Flügel richtig aus!

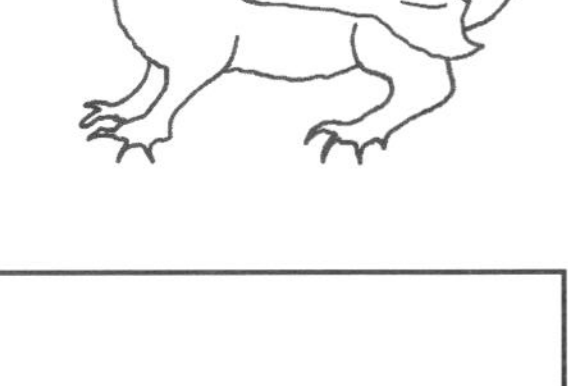

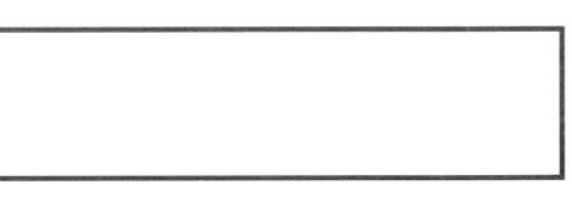

1. Umtati steht ganz vorne.
2. Ganz hinten steht Peixe.
3. In der Mitte steht Xingu.
4. Der Drache, hinter dem zwei andere Drachen stehen, hat violette Flügel.
5. Der Drache hinter Xingu hat rote Flügel.
6. Xingu hat blaue Flügel.
7. Der orange Drache hat zwei andere Drachen vor sich.
8. Ganz vorne steht der rote Drache.
9. Xingu ist grün.

Petra Probst: Logischer Rätselspaß
© Auer Verlag

Transportmittel

1

Male die Autos richtig aus!
Zeichne die fehlenden Personen in die Autos.
Zeichne ein, was fehlt!

1. Das hinterste Auto ist blau.
2. Ganz vorne fährt das grüne Auto.
3. Das rote Auto fährt in der Mitte.
4. Im mittleren Auto sitzen drei Personen.
5. Im hintersten Auto sitzen zwei Personen.
6. Im grünen Auto sitzt eine Person.
7. Das hinterste Auto hat eine Kiste auf dem Dach.
8. Das Auto, das vor dem roten Auto fährt, hat eine Antenne.
9. Das mittlere Auto hat Ski auf dem Dach.

Hasen

1

Male die Osterhasen, Körbe und Eier richtig aus!

1. Der Osterhase, der keinen anderen Osterhasen vor sich hat, ist schwarz.
2. Der Osterhase, der ganz hinten steht, ist orange.
3. Der braune Osterhase steht in der Mitte und trägt einen roten Korb.
4. Der Osterhase mit dem grünen Korb steht nicht ganz vorne.
5. Der schwarze Osterhase trägt einen violetten Korb.
6. Die Eier im hintersten Korb sind rot.
7. Im roten Korb liegen blaue Eier.
8. Die Eier im vordersten Korb haben die gleiche Farbe wie die Eier im hintersten Korb.

Katzen 1

Male die Katzen und Katzenkörbe richtig aus!
Schreibe in die Kästchen, wie die Katzen heißen!

1. Die braune Katze ist in der Mitte.
2. Links von der braunen Katze ist die schwarze Katze.
3. Die rote Katze sitzt im blauen Katzenkorb.
4. Der gelbe Katzenkorb steht nicht neben dem blauen Katzenkorb.
5. Mimi sitzt im orangen Katzenkorb.
6. Lolo ist rechts von Mimi.
7. Die Katze links heißt Blacky.

Möbel 1

Male die Schubladen und deren Griffe richtig aus!
Schreibe auf die Schilder, was sich in den Schubladen befindet!

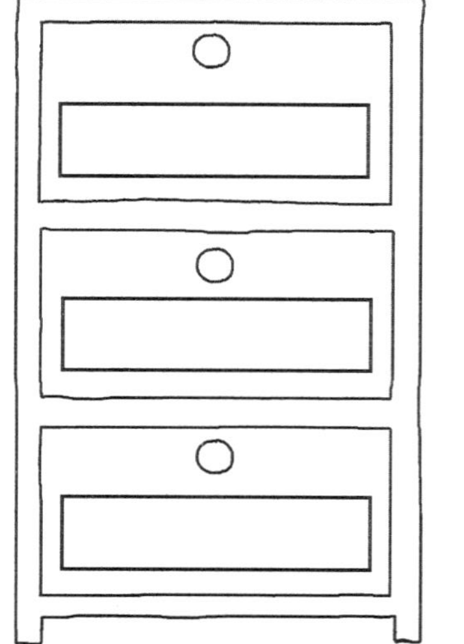

1. Über der roten Schublade ist keine andere Schublade.
2. Die unterste Schublade ist blau.
3. Die Schublade in der Mitte ist orange.
4. Der oberste Schubladengriff ist grün.
5. Unter dem grünen Schubladengriff ist der violette Schubladengriff.
6. Der unterste Schubladengriff ist rot.
7. In der blauen Schublade befindet sich Stoff.
8. Zwischen dem Stoff und dem Garn ist die Wolle.

Telefone

1

Zeichne die fehlenden Haare.
Male die Telefone und T-Shirts richtig aus.
Schreibe in die Kästchen, mit wem diese Personen telefonieren.

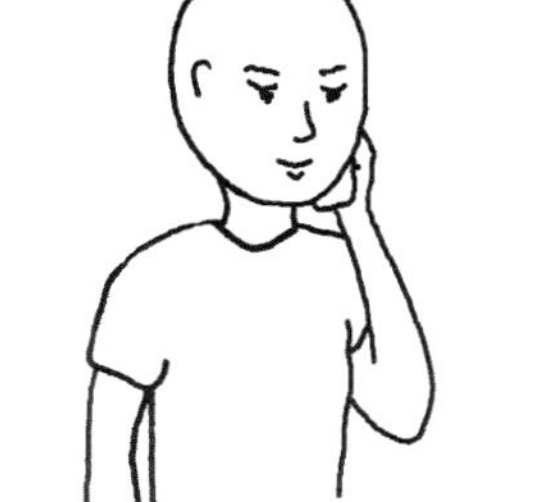

1. Die Person in der Mitte hat kurze braune Haare.
2. Links ist die Person mit den langen schwarzen Haaren.
3. Die Person mit den kurzen roten Haaren trägt ein grünes T-Shirt.
4. Die Person im blauen T-Shirt steht am Rand.
5. Die Person mit dem roten T-Shirt hält ein gelbes Telefon in der Hand.
6. Die Person rechts telefoniert mit einem violetten Telefon.
7. Die Person mit dem orangen Telefon telefoniert mit ihrer Mutter.
8. Die Person im grünen T-Shirt telefoniert mit ihrem Vater.
9. Eine Person telefoniert mit dem Reisebüro.

Uhren

1

Male die Uhren, Uhrbänder und deren Verschlüsse richtig aus!

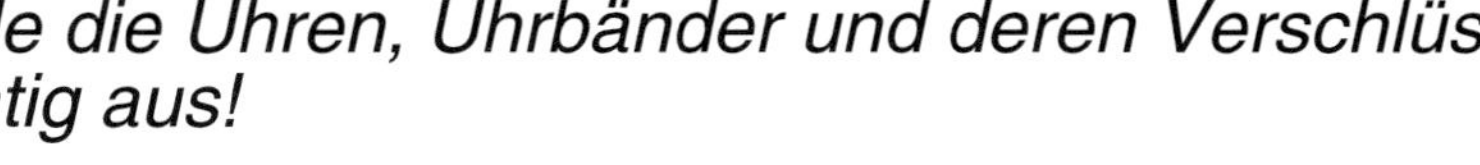

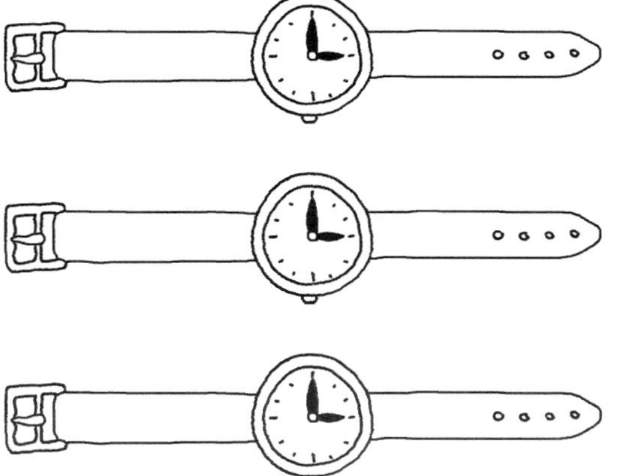

1. Die mittlere Uhr ist rot.
2. Die oberste Uhr ist grün.
3. Die unterste Uhr ist orange.
4. Über der orangen Uhr ist die Uhr mit dem violetten Verschluss.
5. Unter der Uhr mit dem blauen Verschluss ist keine andere Uhr.
6. Die Uhr mit dem roten Verschluss ist oben.
7. Unter der roten Uhr ist die Uhr mit dem roten Uhrband.
8. In der Mitte ist die Uhr mit dem gelben Uhrband.
9. Oben ist die Uhr mit dem orangen Uhrband.

Gefäße

1

Male die Flaschen und die Etiketten richtig aus!
Schreibe in die Kästchen, was in den Flaschen drin ist!

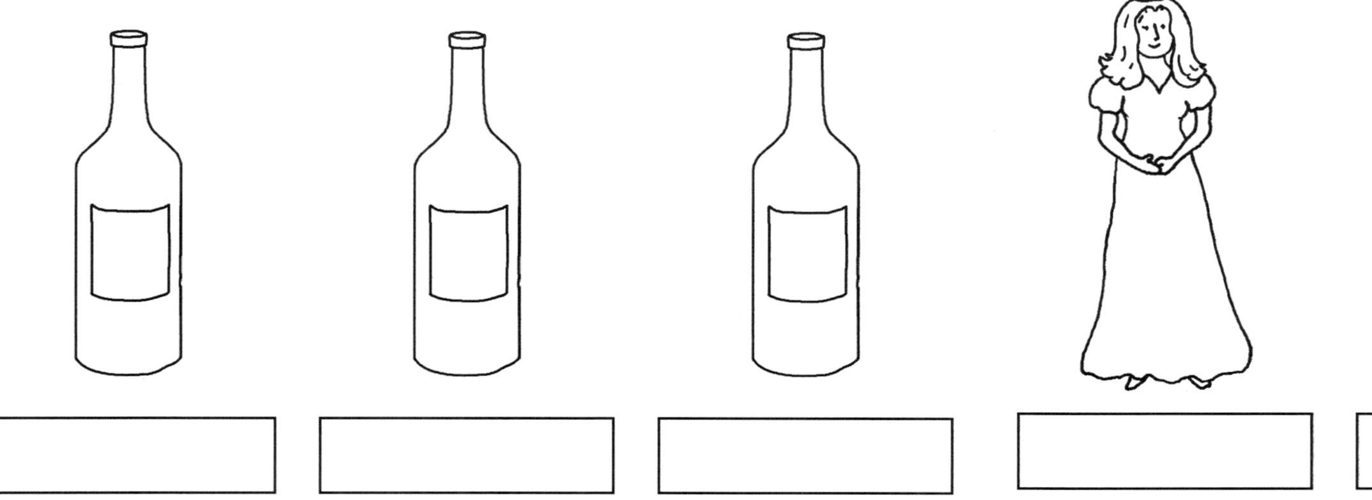

1. Die Flasche rechts ist grün.
2. Die Flasche links ist orange.
3. In der Mitte steht die blaue Flasche.
4. Die Flasche links hat ein rotes Etikett.
5. Die grüne Flasche hat ein violettes Etikett.
6. Die Flasche mit dem gelben Etikett enthält Sirup.
7. Links steht die Flasche mit Öl.
8. In der Flasche mit dem violetten Etikett ist Essig.

Prinzessinnen

1

Male die Haare und Kleider der Prinzessinnen richtig aus!
Schreibe ihre Namen in die Kästchen!

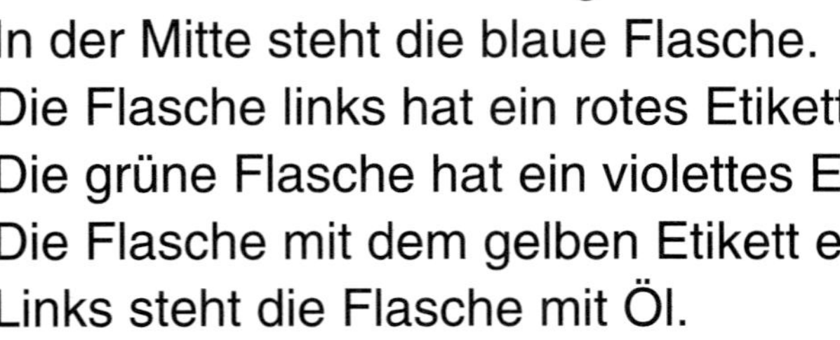

1. Die Prinzessin rechts hat blonde Haare.
2. In der Mitte steht die Prinzessin mit den braunen Haaren.
3. Die Prinzessin links hat rote Haare.
4. Die Prinzessin mit den braunen Haaren trägt ein grünes Kleid.
5. Links steht die Prinzessin im blauen Kleid.
6. Die Prinzessin im roten Kleid heißt Kunigunde.
7. Albina steht am Rand.
8. Stella steht in der Mitte.

Gemüse

1

Zeichne das fehlende Gemüse in die Teller.
Male die Teller richtig aus.
Schreibe in die Kästchen, wem die Gemüseteller gehören.

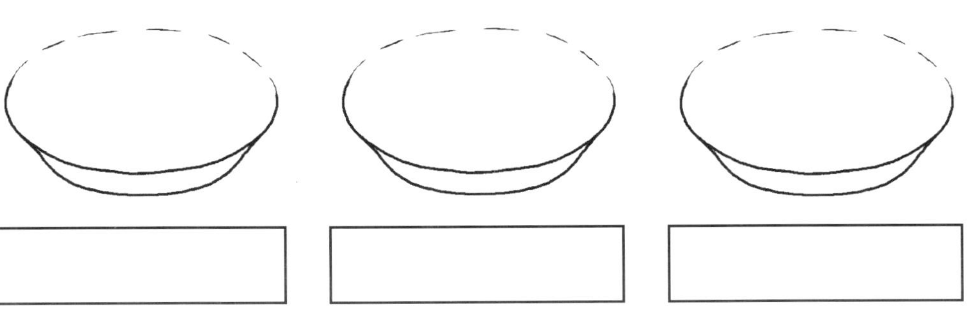

1. Im Teller links sind zwei Tomaten und zwei Karotten.
2. Im mittleren Teller sind vier Kartoffeln und halb so viele Gurken.
3. Im Teller rechts ist von jeder Gemüsesorte ein Stück.
4. Die Teller am Rand sind blau.
5. Der Teller von Bastian ist orange.
6. Sabines Teller hat keine Gurken.
7. Ein Teller gehört Ramona.

Schnecken

1

Male die Schnecken und deren Häuschen richtig aus.
Schreibe in die Kästchen, wie die Schnecken heißen.

1. Die vorderste Schnecke hat ein oranges Häuschen.
2. Die hinterste Schnecke hat ein blaues Häuschen.
3. Die Schnecke mit dem roten Häuschen ist braun.
4. Vor der braunen Schnecke kriecht die gelbe Schnecke.
5. Astor ist schwarz und kriecht ganz hinten.
6. Pollux kriecht hinter Ajax.

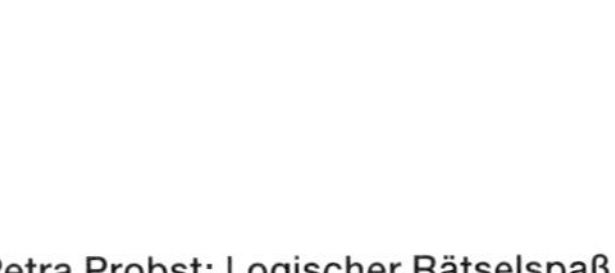

Prinzen

1

Male die Haare, Jacken, Hosen und Stiefel der Prinzen richtig aus.
Schreibe in die Kästchen, wie die Prinzen heißen.

1. Der Prinz, der nicht am Rand steht, hat blonde Haare.
2. Der Prinz rechts hat schwarze Haare.
3. Der braunhaarige Prinz Kasimir trägt eine rote Jacke.
4. Prinz Isidor steht nicht neben Prinz Kasimir.
5. Neben Prinz Isidor steht der Prinz, der eine violette Jacke und braune Hosen trägt.
6. Rechts vom Prinzen in der roten Jacke steht Prinz Raffael mit den grünen Stiefeln.
7. Ein Prinz trägt eine orange Jacke.
8. Links von Prinz Raffael steht der Prinz in den blauen Hosen.
9. Die Prinzen am Rand tragen schwarze Stiefel.
10. Ein Prinz trägt eine weiße Hose.

Hexen

1

Male die Kopftücher und Kleider der Hexen richtig aus!
Zeichne, was fehlt!

1. Die vorderste Hexe trägt ein oranges Kopftuch.
2. Die Hexe mit dem grünen Kopftuch steht hinten.
3. Die Hexe in der Mitte trägt ein rotes Kopftuch.
4. Die hinterste Hexe trägt ein blaues Kleid.
5. Die mittlere Hexe im orangen Kleid hält einen Besen in der Hand.
6. Die Hexe im grünen Kleid hält eine Katze an der Leine.
7. Die hinterste Hexe hält eine Laterne in der Hand.

Petra Probst: Logischer Rätselspaß
© Auer Verlag

Clowns

2

Male die Mäntel der Clowns richtig aus!
Zeichne den Clowns den fehlenden Gegenstand in die Hand!
Schreibe den richtigen Namen in die Kästchen!

1. Der Clown im grünen Mantel steht nicht vorne.
2. Die Mäntel sind rot, grün oder violett.
3. In der Mitte steht der Clown im violetten Mantel.
4. Die Clowns halten entweder eine Flasche, eine Trompete oder einen Reifen in der Hand.
5. Der Clown mit der Flasche steht hinter dem Clown im violetten Mantel.
6. Der Clown mit der Trompete steht am Rand.
7. Zwischen Rick und Ruck steht Rack.
8. Hinter Rick stehen zwei andere Clowns.

Häuser

2

Male die Häuser, die Türen und die Fensterläden richtig aus!

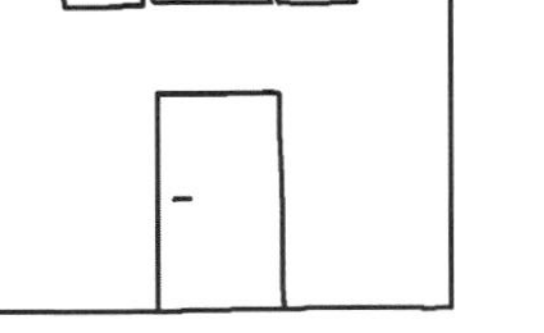
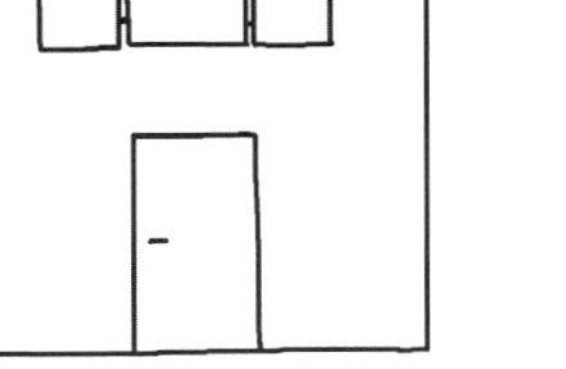
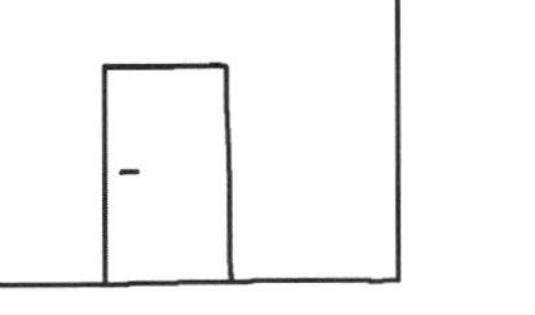
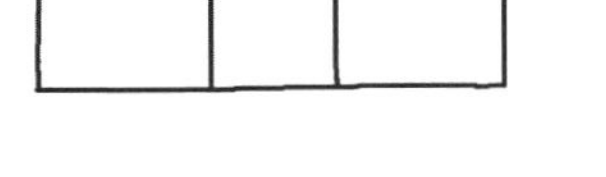

1. Das gelbe Haus steht am Rand.
2. Das orange Haus hat eine braune Tür.
3. Das rote Haus steht links.
4. Das Haus mit den blauen Fensterläden hat eine grüne Tür.
5. Das Haus mit der blauen Tür steht links vom orangen Haus.
6. Die Häuser haben blaue, rote oder grüne Fensterläden.
7. Das mittlere Haus hat rote Fensterläden.

Pferde

2

Zeichne ein, was fehlt!
Male die Pferde richtig aus!

1. Ein Pferd hat weder Decke noch Sattel.
2. Das Pferd mit der Decke steht nicht direkt hinter dem Pferd mit dem Sattel.
3. Das Pferd, das kein anderes Pferd vor sich hat, hat einen Sattel.
4. Das weiße Pferd steht nicht hinter dem braunen Pferd.
5. Das schwarze Pferd steht ganz vorne.
6. Ein Pferd hat eine schwarze Mähne und einen schwarzen Schweif.
7. Das mittlere Pferd hat keine braune Mähne und keinen braunen Schweif.
8. Das Pferd mit der Decke hat eine gelbe Mähne und einen gelben Schweif.

Blumen

2

Male die Tulpen und die Vasen richtig aus.

1. Die Blütenblätter der Tulpen sind rot, orange oder gelb.
2. Die rote Tulpe steht nicht neben der gelben Tulpe.
3. Die Tulpe links ist gelb.
4. Die Tulpen am Rand haben hellgrüne Stiele und Stielblätter.
5. Die Tulpe mit dunkelgrünen Stielblättern und Stiel steht in einer violetten Vase.
6. Eine Vase ist blau.
7. In der roten Vase steht nicht die rote Tulpe.

Fische 2

Male die Fische richtig aus.

1. Die Köpfe der Fische sind rot, orange oder grün.
2. Der vorderste Fisch hat einen orangen Kopf.
3. Der hinterste Fisch hat einen grünen Kopf.
4. Ein Fisch hat schwarze Punkte.
5. Der Fisch mit den gelben Punkten schwimmt in der Mitte.
6. Hinter dem Fisch mit den blauen Punkten schwimmt der Fisch mit dem roten Kopf.
7. Der hinterste Fisch ist orange.
8. Hinter dem grünen Fisch schwimmen zwei andere Fische.
9. Ein Fisch ist violett.

Käfer 2

Male die Köpfe und Flügel der Käfer richtig aus.

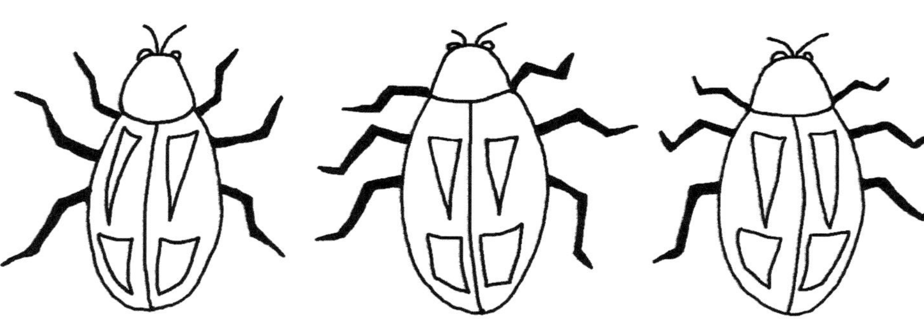

1. Die Käfer haben rote, gelbe oder grüne Muster auf den Flügeln.
2. Der Käfer links hat ein gelbes Muster auf den Flügeln.
3. Der Käfer mit dem grünen Muster ist nicht neben dem Käfer mit dem gelben Muster.
4. Rechts vom Käfer mit dem gelben Muster ist der Käfer mit dem braunen Kopf.
5. Der grün gemusterte Käfer hat keinen blauen Kopf.
6. Der Käfer mit dem gelben Kopf hat blaue Flügel.
7. Die Flügel sind violett, orange oder blau.
8. Links vom Käfer mit dem gelben Kopf ist der Käfer mit den violetten Flügeln.

Indianer

2

Male die Stirnbänder richtig aus!
Zeichne die fehlenden Federn in die Stirnbänder ein!
Schreibe in die Kästchen, womit die Indianerkinder spielen!

1. Die Stirnbänder sind braun, grün oder blau.
2. Das Kind in der Mitte trägt ein grünes Stirnband.
3. Rechts vom Kind mit dem grünen Stirnband ist das Kind mit dem blauen Stirnband.
4. Das Kind mit der orangen Feder ist am Rand.
5. Das Kind rechts trägt eine grüne Feder.
6. Das Kind mit der roten Feder spielt mit einem Schiff.
7. Das Kind links spielt nicht mit einer Trommel.
8. Ein Kind spielt mit einer Puppe.

Außerirdische

2

Male die Köpfe, Körper und Füße der Oings richtig aus.

1. Der Oing mit dem roten Kopf steht nicht in der Mitte.
2. Links vom Oing mit dem blauen Kopf steht kein anderer.
3. Der Oing mit dem violetten Kopf hat einen grünen Körper.
4. Rechts vom Oing mit dem violetten Kopf steht der Oing mit dem orangen Körper.
5. Der Oing mit den gelben Füßen steht nicht in der Mitte.
6. Der mittlere Oing hat blaue Füße.
7. Der Oing mit den grünen Füßen hat einen roten Körper.

Eisbecher 2

Zeichne die fehlende Frucht, die als Dekoration dient.
Male die Eiskugeln und die Schalen richtig aus.
Schreibe in die Kästchen, wie die Eisbecher heißen.

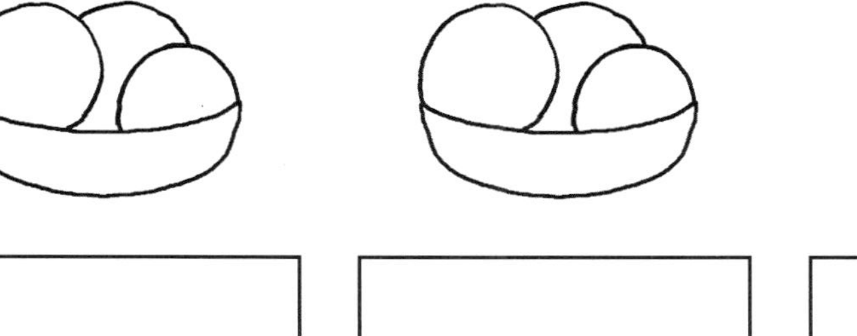
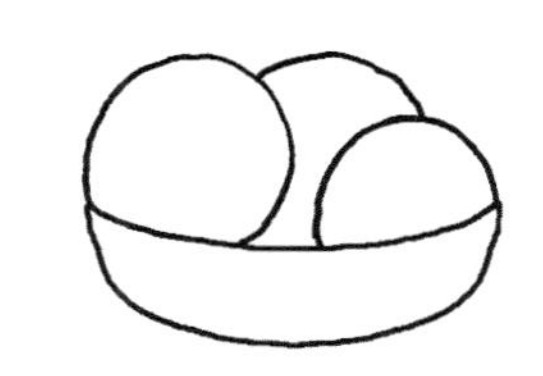

1. Die Dekorationen sind eine Erdbeere, eine Brombeere oder ein Stück Banane.
2. Der Eisbecher, der mit einem Stück Banane dekoriert ist, steht rechts.
3. Der Eisbecher mit der Brombeere steht am Rand.
4. Insgesamt sind es vier Kugeln Brombeereis (violett).
5. Der Eisbecher in der Mitte hat zwei Kugeln Erdbeereis (rot) und eine Kugel Schokoladeneis (braun).
6. Ein Eisbecher am Rand hat nur halb so viele Kugeln Erdbeereis wie der Eisbecher in der Mitte.
7. Der Eisbecher links hat zwei Kugeln Brombeereis und eine Kugel Meloneneis (orange).
8. Alle Eisbecher haben grüne Schalen.
9. Zwischen dem Eisbecher Samba und dem Eisbecher Mambo steht der Eisbecher Rumba.
10. Der Eisbecher Mambo steht rechts.

Vögel 2

Male die Schnäbel, Füße und Federn der Vögel richtig aus!

1. Die Vögel sind rot, blau oder orange.
2. Der blaue Vogel steht nicht direkt vor oder hinter dem orangen Vogel.
3. Der orange Vogel hat keinen anderen Vogel vor sich.
4. Der Vogel in der Mitte hat gelbe Füße.
5. Der Vogel mit den orangen Füßen steht nicht vorn.
6. Ein Vogel hat rote Füße.
7. Die Schnäbel sind gelb, orange oder rot.
8. Der Vogel mit dem roten Schnabel steht nicht hinter dem Vogel mit dem orangen Schnabel.
9. Der Vogel mit dem orangen Schnabel steht in der Mitte.

Zirkus

2

Male die Kleider der Akrobaten richtig aus.

1. Der Akrobat in der Mitte trägt kein gelbes T-Shirt.
2. Über dem Akrobaten im orangen T-Shirt steht kein anderer mehr.
3. Der Akrobat im violetten T-Shirt trägt eine blaue Hose.
4. Der Akrobat in der orangen Hose trägt rote Schuhe.
5. Der Akrobat, der auf zwei anderen steht, trägt eine rote Hose.
6. Ein Akrobat trägt orange Schuhe.
7. Unter dem Akrobaten mit den blauen Schuhen stehen zwei andere Akrobaten.

Kuchen

2

Male die Geburtstagskuchen und die Kuchenplatten richtig aus!
Zeichne die fehlenden Kerzen!

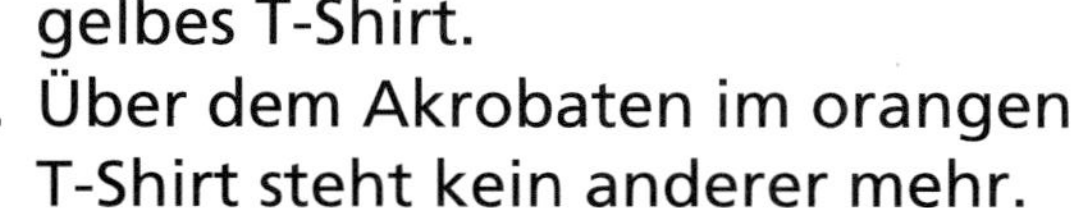

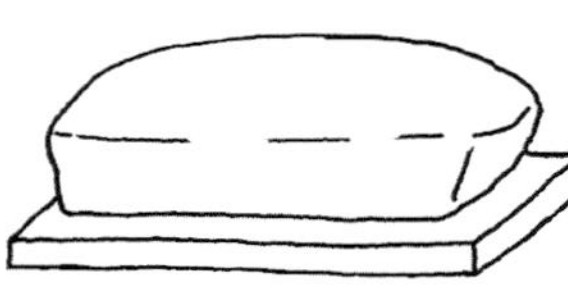

1. Der braune Kuchen ist nicht rechts.
2. Der gelbe Kuchen ist nicht in der Mitte.
3. Der orange Kuchen ist in der Mitte.
4. Die blaue Kuchenplatte ist nicht am Rand.
5. Der gelbe Kuchen ist nicht auf der roten Kuchenplatte.
6. Der Kuchen mit den vier Kerzen ist auf der grünen Kuchenplatte.
7. Der orange Kuchen hat halb so viele Kerzen wie der braune Kuchen.
8. Im Ganzen sind es dreizehn Kerzen.

Zwerge   

Male die Mützen und Kleider der Zwerge richtig aus! Zeichne den Zwergen den fehlenden Gegenstand in die Hand!

1. Die Mützen sind grün, gelb oder blau.
2. Der Zwerg mit der blauen Mütze und der Zwerg mit der grünen Mütze stehen nicht hinten.
3. Der Zwerg mit der gelben Mütze steht nicht direkt hinter dem Zwerg mit der blauen Mütze.
4. Der Zwerg mit den grünen Kleidern trägt keine gelbe Mütze.
5. Der Zwerg mit den roten Kleidern steht nicht am Rand.
6. Die Zwerge halten entweder einen Sack mit Edelsteinen, eine Schaufel oder eine Laterne in der Hand.
7. Der Zwerg in blauen Kleidern hält eine Schaufel.
8. Der Zwerg mit der Laterne steht nicht am Rand.

Früchte 2

Male die Früchte und die Schalen richtig aus.

1. Die Äpfel sind gelb, rot oder grün.
2. Der Apfel links ist rot.
3. Rechts vom roten Apfel ist der grüne Apfel.
4. Die blauen Trauben sind nicht am Rand.
5. Die beiden anderen Trauben sind grün.
6. Die grüne Birne ist nicht in der Schale mit dem roten Apfel.
7. Die gelbe Birne ist in der Schale mit dem grünen Apfel.
8. Es sind zwei gelbe Birnen und eine grüne Birne.
9. Die blaue Schale steht nicht in der Mitte.
10. Die Schale, in der zwei grüne Früchte liegen, ist rot.
11. Die mittlere Schale ist orange.

Sport 2

Male die Haare, T-Shirts, Hosen, Socken und Schuhe der Fußballspieler richtig aus.

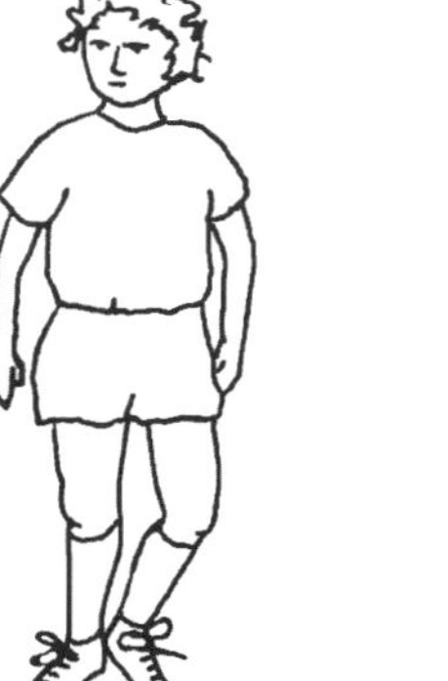
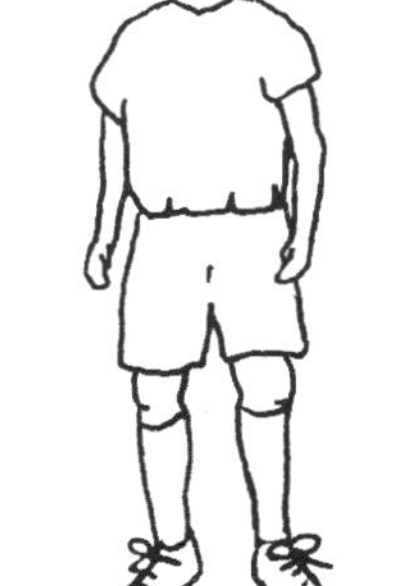
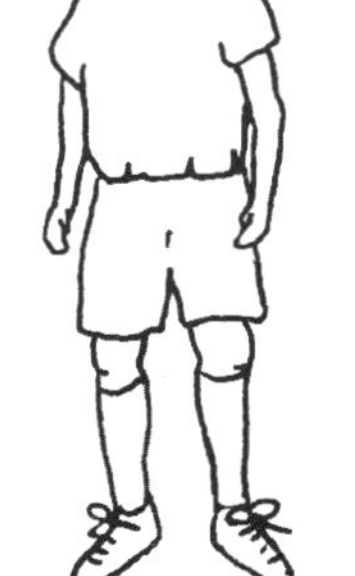
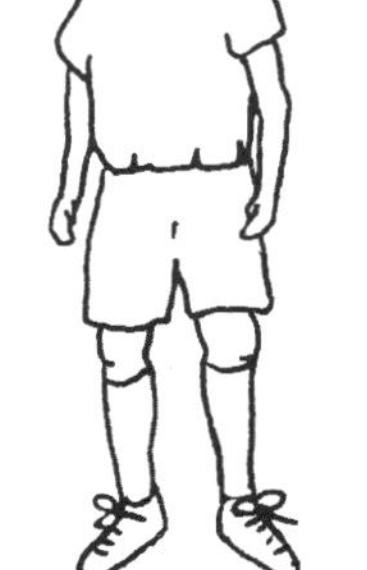
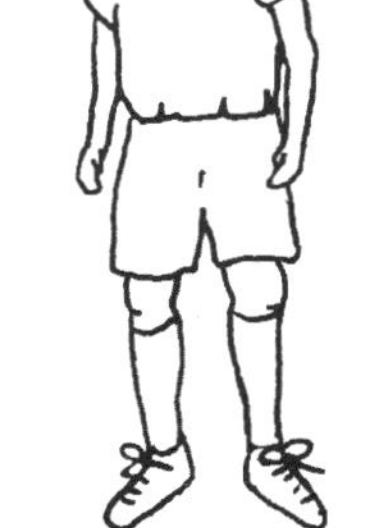

1. Der blonde Spieler trägt ein rotes T-Shirt und eine schwarze Hose.
2. Der braunhaarige Spieler steht nicht neben dem schwarzhaarigen Spieler in den gelben Socken.
3. Der Spieler links vom blonden Spieler trägt ein grünes T-Shirt.
4. Bei jedem Spieler ist die Farbe der Socken auch die des T-Shirts.
5. Rechts steht der Spieler in der blauen Hose.
6. Ein Spieler trägt orange Hosen.
7. Zwischen dem Spieler in den orangen Fußballschuhen und dem Spieler in den blauen Fußballschuhen steht der Spieler in den schwarzen Fußballschuhen.
8. Der Spieler links trägt blaue Fußballschuhe.

Hunde 2

*Male die Hundehütten richtig aus!
Schreibe in die Kästchen,wem die Hundehütten gehören!
Male die Hunde richtig aus!*

1. Die grüne Hundehütte steht nicht in der Mitte.
2. Die Hundehütte, die rechts von der grünen Hundehütte steht, ist rot.
3. Die gelbe Hundehütte gehört nicht Bello.
4. Die Hundehütten gehören Waldi, Bello und Fifi.
5. Die grüne Hundehütte gehört Fifi.
6. Fifi ist nicht braun.
7. Der weiße Hund sitzt nicht neben dem schwarzen Hund.
8. Der schwarze Hund sitzt links von Bello.

Ostereier

2

Zeichne die richtigen Muster auf die Eier.
Male die Eier und die Eierbecher richtig aus.

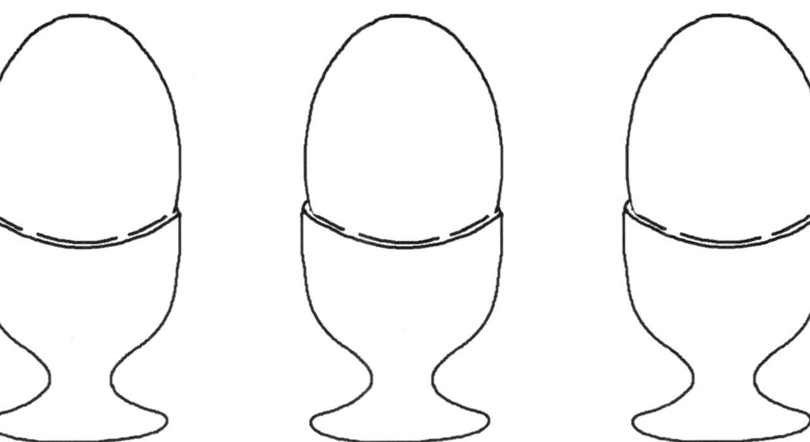

1. Das Ei, das nicht am Rand steht, hat vier orange Querstreifen.
2. Ein Ei hat zwei grüne Längsstreifen.
3. Das Ei, das einen orangen Querstreifen weniger hat als das mittlere Ei, steht links.
4. Die Eier sind rot, blau oder gelb.
5. Das gelbe Ei hat keine Querstreifen.
6. Ein Ei am Rand ist blau.
7. Das Ei mit den meisten Streifen hat keinen roten Eierbecher.
8. Das Ei links hat keinen roten Eierbecher.
9. Ein Eierbecher ist violett.
10. Ein Ei mit gerader Anzahl Streifen steht in einem grünen Eierbecher.

Regenwetter

2

Male die Regenumhänge richtig aus.
Zeichne die fehlenden Schuhe.
Schreibe in die Kästchen, wie die Kinder heißen.

1. Die Regenumhänge sind gelb, grün oder rot.
2. Das Kind mit dem roten Regenumhang hat kein anderes Kind vor sich.
3. Das hinterste Kind trägt einen grünen Regenumhang.
4. Ein Kind trägt orange Gummistiefel.
5. Das Kind in der Mitte trägt keine blauen Turnschuhe.
6. Das vorderste Kind trägt braune Halbschuhe.
7. Hinter Elvira steht Marco.
8. Selina steht nicht hinter Marco.

Schiffe

2

Zeichne die fehlenden Verzierungen auf die Segel.
Male die Schiffe und die Segel richtig aus.
Schreibe die richtigen Nummern in die Kreise.

1. Das Schiff mit der gelben Sonne als Verzierung ist nicht in der Mitte.
2. Rechts ist das Schiff mit dem grünen Stern als Verzierung.
3. Ein Schiff hat ein rotes Herz als Verzierung.
4. Das grüne Schiff schwimmt in der Mitte.
5. Das rote Schiff hat ein blaues Segel.
6. Hinter dem Schiff mit dem roten Herzen schwimmt das orange Schiff mit dem violetten Segel.
7. Die Nummer des Schiffs hinten entspricht der Hälfte der beiden anderen Schiffsnummern zusammen.
8. Vor dem grünen Schiff schwimmt das Schiff mit der Nummer 4.
9. Das Schiff mit dem gelben Segel hat die Nummer 6.

Schmetterlinge

2

Male die Vorder- und Hinterflügel und die Körper der Schmetterlinge richtig aus.

1. Zwischen dem Schmetterling mit dem braunen Körper und dem Schmetterling mit dem orangen Körper fliegt der Schmetterling mit dem schwarzen Körper.
2. Unter dem Schmetterling mit dem orangen Körper fliegt kein anderer.
3. Die Vorderflügel der Schmetterlinge sind rot, blau oder gelb.
4. Der oberste Schmetterling hat blaue Vorderflügel.
5. Oberhalb des Schmetterlings mit den gelben Vorderflügeln fliegen noch zwei andere Schmetterlinge.
6. Unter dem Schmetterling mit den violetten Hinterflügeln fliegt der Schmetterling mit den grünen Hinterflügeln.
7. Ganz oben fliegt der Schmetterling mit den orangen Hinterflügeln.

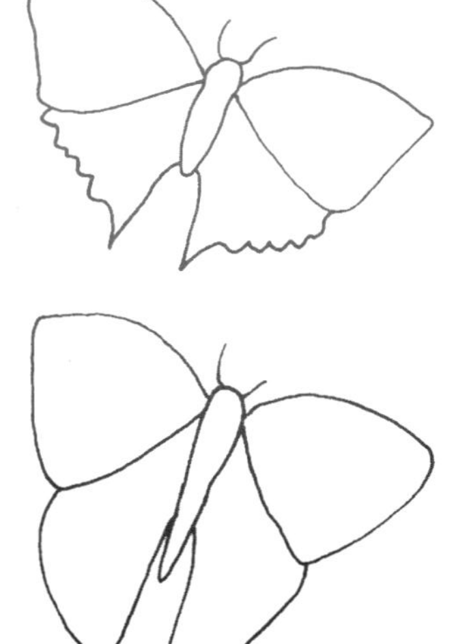
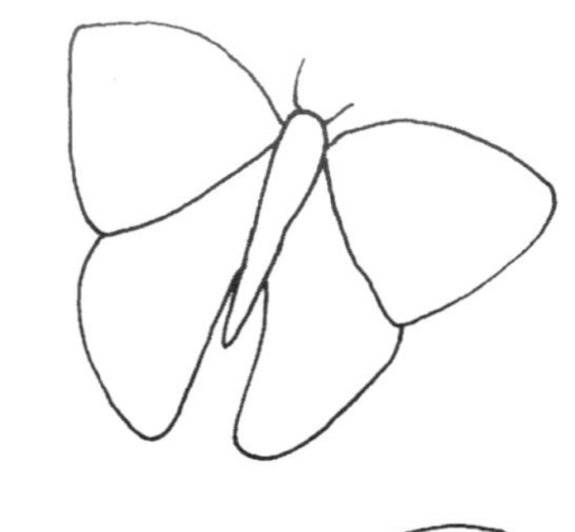

Frösche

2

Male die Frösche richtig aus.
Schreibe in die Kästchen, wie weit die Frösche hüpfen können.

1. Der Frosch mit den gelben Punkten sitzt nicht hinten.
2. Zwischen dem Frosch mit den roten Punkten und dem Frosch mit den gelben Punkten sitzt der Frosch mit den orangen Punkten.
3. Der grüne Frosch sitzt hinter dem blauen Frosch.
4. Vor dem schwarzen Frosch sitzen zwei andere Frösche.
5. Der mittlere Frosch kann 2 m weiter hüpfen als der Frosch mit den roten Punkten.
6. Der Frosch mit den orangen Punkten kann 1 m weniger weit hüpfen als der vorderste Frosch.
7. Der hinterste Frosch kann 1 m weit hüpfen.

Sonnenschein

2 

Male die Sonnenschirme, Badehosen und Badetücher richtig aus.

1. Die Sonnenschirme sind orange, grün oder blau.
2. Der grüne Sonnenschirm steht nicht neben dem orangen Sonnenschirm.
3. Links vom blauen Sonnenschirm steht der orange Sonnenschirm.
4. Die Badehosen sind rot, blau oder violett.
5. Der Mann unter dem grünen Sonnenschirm trägt keine blaue Badehose.
6. Der Mann in der violetten Badehose liegt nicht am Rand.
7. Rechts vom gelben Badetuch liegt das rote Badetuch.
8. Ein Badetuch ist orange.
9. Links liegt das gelbe Badetuch.

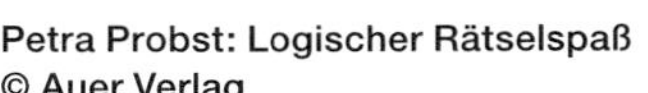

Bilder

2

Zeichne die Bilderrahmen ein!
Male die Äpfel und die Hintergründe richtig aus!

1. Der gewellte Bilderrahmen hängt über dem gezackten Bilderrahmen.
2. Das oberste Bild hat einen geraden Bilderrahmen.
3. Der blaue Apfel hängt direkt über dem grünen Apfel.
4. Der unterste Apfel ist rot.
5. Das Bild mit dem orangen Hintergrund hat einen gewellten Bilderrahmen.
6. Ein Bild hat einen gelben Hintergrund.
7. Das Bild mit dem violetten Hintergrund hängt oberhalb des Bildes mit dem orangen Hintergrund.

Drachen

2

Male die Drachen und deren Flügel richtig aus!
Zeichne die fehlenden Krallen ein!

1. Vorne steht der Drache mit den roten Flügeln.
2. Der Drache mit den orange gestreiften Flügeln ist rot.
3. Der Drache mit den violett getupften Flügeln hat zwei andere Drachen vor sich.
4. Der rote Drache hat je drei Krallen und steht vor dem grünen Drachen.
5. Der rote Drache steht zwischen dem grünen Drachen und dem blauen Drachen.
6. Der blaue Drache hat je eine Kralle mehr als der Drache in der Mitte.
7. Der Drache, der hinter dem Drachen mit den orange gestreiften Flügeln steht, hat je zwei Krallen.

Transportmittel 2

Male die Fahrräder, die Sättel und die Klingeln richtig aus!

1. Das grüne Fahrrad steht links.
2. Rechts vom blauen Fahrrad steht das orange Fahrrad.
3. Der rote Sattel ist zwischen den Fahrrädern mit der violetten Klingel und der gelben Klingel.
4. Der grüne Sattel ist rechts.
5. Das Fahrrad mit der violetten Klingel hat einen gelben Sattel.
6. Eine Klingel ist orange.

Hasen 2

Male die Osterhasen und die Körbe richtig aus!
Zeichne die fehlenden Eier in die Körbe!

1. Die Osterhasen sind braun, gelb oder orange.
2. Der braune Osterhase sitzt in der Mitte.
3. Rechts sitzt der orange Osterhase.
4. Zwischen dem roten Korb und dem blauen Korb steht der violette Korb.
5. Im roten Korb links sind doppelt so viele Eier wie im blauen Korb.
6. Insgesamt sind es neun Eier.
7. Im blauen Korb liegen zwei Eier.

Katzen

2

Male die Katzenkörbe richtig aus!
Zeichne die Katzen hinein!
Schreibe in die Kästchen, wem die Katzen gehören!

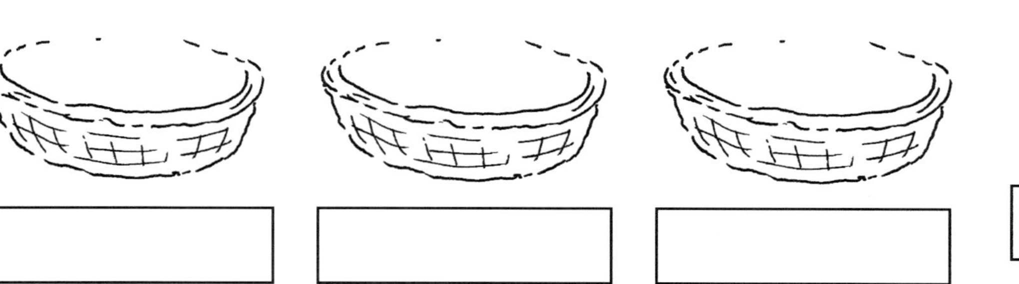

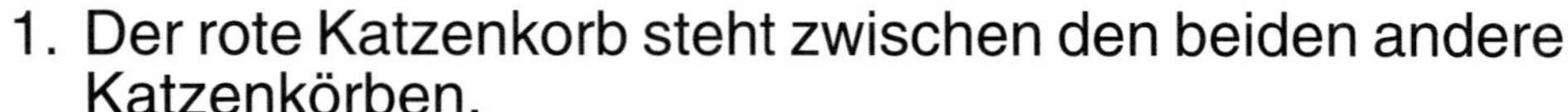

1. Der rote Katzenkorb steht zwischen den beiden anderen Katzenkörben.
2. Der grüne Katzenkorb steht nicht rechts vom roten Katzenkorb.
3. Im gelben Katzenkorb sitzen zwei Katzen.
4. Der Katzenkorb mit den drei Katzen steht nicht in der Mitte.
5. In allen Katzenkörben zusammen sitzen neun Katzen.
6. Die Katzen gehören Moritz, Laura und Gabriel.
7. Laura hat am wenigsten Katzen.
8. Gabriels Katzenkorb steht nicht in der Mitte.

Möbel

2

Male die Stühle und die Kissen richtig aus!
Schreibe in die Kästchen, wer auf welchem Stuhl sitzt!

1. Hinter dem grünen Stuhl stehen zwei andere Stühle.
2. Iwan sitzt auf dem mittleren violetten Stuhl.
3. Das gelbe Kissen liegt auf dem blauen Stuhl.
4. Ein Kissen ist orange.
5. Iwan sitzt vor Marina.
6. Barbara sitzt auf dem Stuhl mit dem schwarzen Kissen.

Petra Probst: Logischer Rätselspaß
© Auer Verlag

Telefone

2

Male die Handys richtig aus.
Schreibe in die Kästchen, wo sich die Handys befinden.

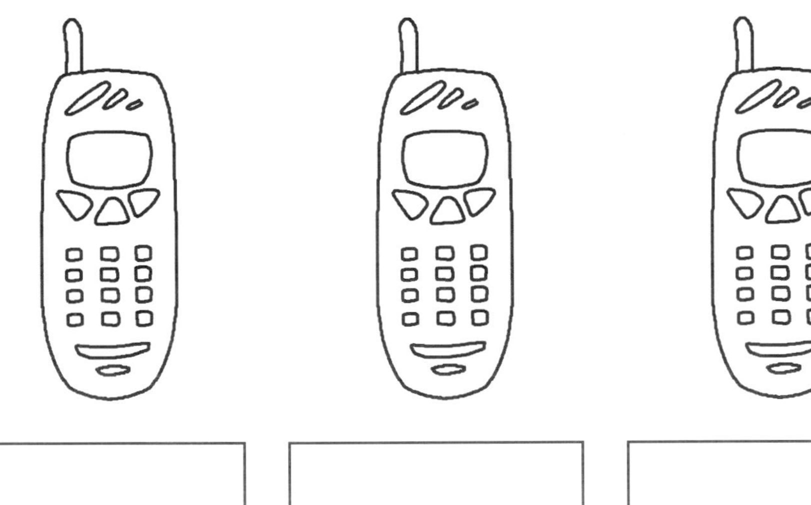

1. Die Handys haben rote, gelbe oder grüne Knöpfe.
2. Das Handy mit den grünen Knöpfen ist neben dem Handy mit den roten Knöpfen.
3. Das Handy mit den roten Knöpfen ist rechts.
4. Das blaue Handy ist links.
5. Das violette Handy liegt im Wohnzimmer.
6. Das orange Handy rechts befindet sich in der Jackentasche.
7. Ein Handy ist in der Waschküche.

Uhren

2

Male die Gehäuse und Ziffernblätter der Uhren richtig aus!
Schreibe in die Kästchen, wem die Uhren gehören!

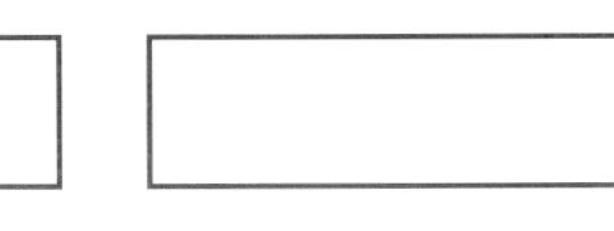

1. Zwischen der Uhr mit dem orangen Gehäuse und der Uhr mit dem blauen Gehäuse steht die Uhr mit dem roten Gehäuse.
2. Links neben der Uhr mit dem blauen Gehäuse steht keine andere Uhr.
3. Die Uhr mit dem violetten Ziffernblatt steht rechts.
4. Rechts von der Uhr mit dem orangen Ziffernblatt steht Tante Evis Uhr.
5. Die mittlere Uhr hat ein grünes Ziffernblatt.
6. Eine Uhr gehört Onkel Otto.
7. Rechts von Tante Rias Uhr steht die Uhr mit dem grünen Ziffernblatt.

Gefäße

Male die Tassen richtig aus!
Schreibe auf die Tassen, wem sie gehören!
Schreibe in die Kästchen, was in den Tassen drin ist!

1. Die Tassen sind rot, orange und grün.
2. Die orange Tasse steht rechts neben der grünen Tasse.
3. Die grüne Tasse steht nicht neben der roten Tasse.
4. Leos Tasse steht direkt neben Annas Tasse.
5. Die rote Tasse gehört nicht Anna.
6. Die rote Tasse gehört nicht Max.
7. Neben der grünen Tasse steht die Tasse mit Kaffee.
8. Leo hat Milch in seiner Tasse.
9. Die Tasse mit Tee gehört Max.

Prinzessinnen

Male die Edelsteine der Kronen und die Kleider richtig aus!
Schreibe das Lieblingsessen der Prinzessinnen in die Kästchen!

1. Die Krone mit den grünen Edelsteinen ist nicht in der Mitte.
2. Die Krone mit den orangen Edelsteinen ist rechts von der Krone mit den grünen Edelsteinen.
3. Die Prinzessin im blauen Kleid trägt eine Krone mit roten Edelsteinen.
4. Die Kleider sind blau, violett oder gelb.
5. Die Prinzessin im violetten Kleid steht nicht neben der Prinzessin im blauen Kleid.
6. Die Prinzessin im blauen Kleid isst am liebsten Pizza.
7. Die Prinzessin, die am liebsten Rösti isst, steht nicht in der Mitte.
8. Das Lieblingsessen einer Prinzessin ist Hamburger.

Petra Probst: Logischer Rätselspaß
© Auer Verlag

Gemüse 2

Zeichne die „Gemüse-Gesichter" mit Haaren, Augen, Nasen und Mündern auf die Teller.

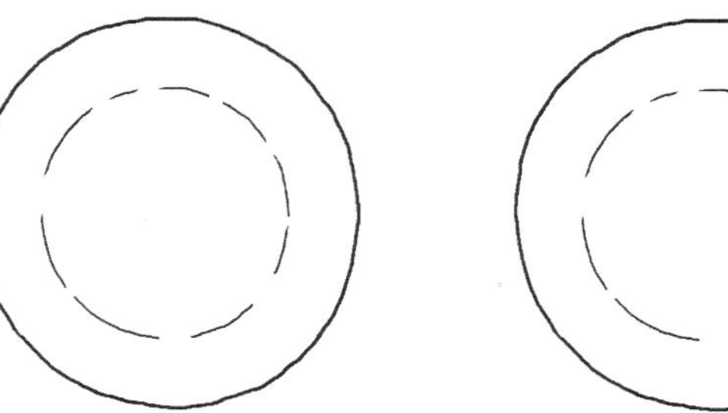
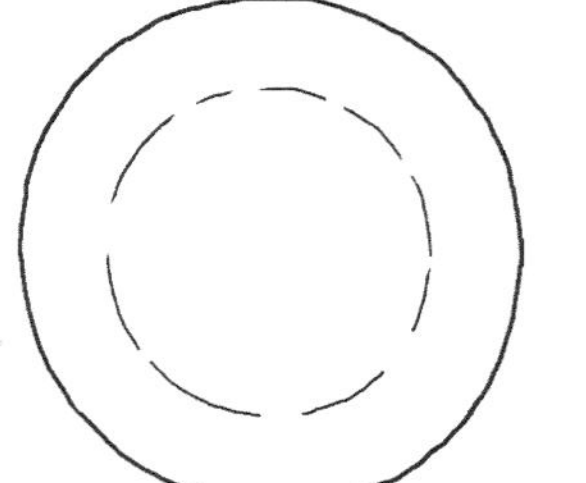
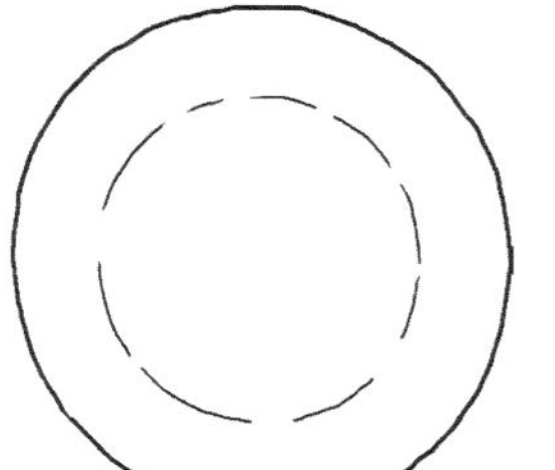

1. Auf dem Teller in der Mitte wurden sieben Karottenstängelchen für die Haare geschnitten.
2. Die Teller am Rand haben gleich viele Stängelchen als Haare.
3. Für die Teller am Rand wurden zusammen zehn Gurkenstängelchen für die Haare geschnitten.
4. Auf allen Tellern bestehen die Augen aus Gurkenrädchen.
5. Die Nasen wurden entweder mit einem Karotten- oder einem Gurkenstängelchen gemacht.
6. Das Gesicht rechts hat als einziges eine Gurkennase.
7. Die Münder wurden entweder mit einem halben Gurkenrädchen oder einem Tomatenschnitz gemacht.
8. Das Gesicht mit der Gurkennase hat einen Tomatenschnitz als Mund.
9. Ein einziges Gemüse-Gesicht wurde mit drei verschiedenen Gemüsen gemacht.
10. Das Gesicht mit den meisten Karottenstängelchen hat einen Gurkenmund.

Schnecken 2

Male die Schnecken und deren Häuschen richtig aus. Schreibe in die Kästchen, was die Schnecken fressen.

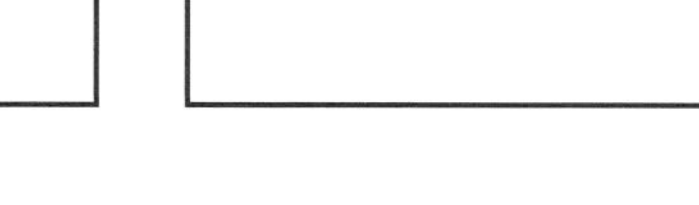
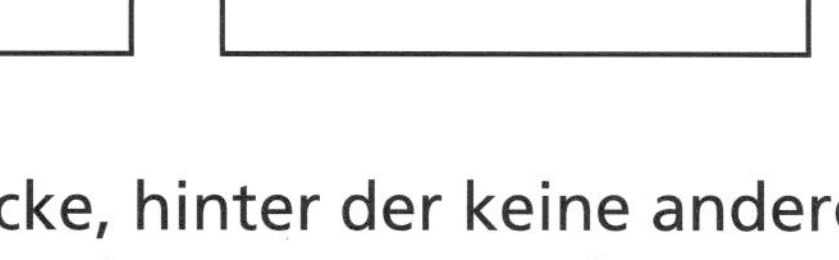

1. Die Schnecke, hinter der keine andere Schnecke mehr kriecht, hat ein grünes Häuschen.
2. Eine Schnecke hat ein gelbes Häuschen.
3. Die vorderste Schnecke hat ein violettes Häuschen.
4. Die Schnecken sind orange, gelb oder braun.
5. Hinter der Schnecke mit dem gelben Häuschen kriecht die braune Schnecke.
6. Vor der orangen Schnecke kriecht noch eine andere Schnecke.
7. Die Schnecke, die am liebsten Kopfsalat frisst, kriecht nicht ganz hinten.
8. Am liebsten fressen die Schnecken Kopfsalat, Ringelblumen oder Tomaten.
9. In der Mitte kriecht die Schnecke, die am liebsten Ringelblumen frisst.

Prinzen

2

Male die Haare und Schlafanzüge der Prinzen richtig aus.
Zeichne zu jedem Prinzen das passende Schlaftier.

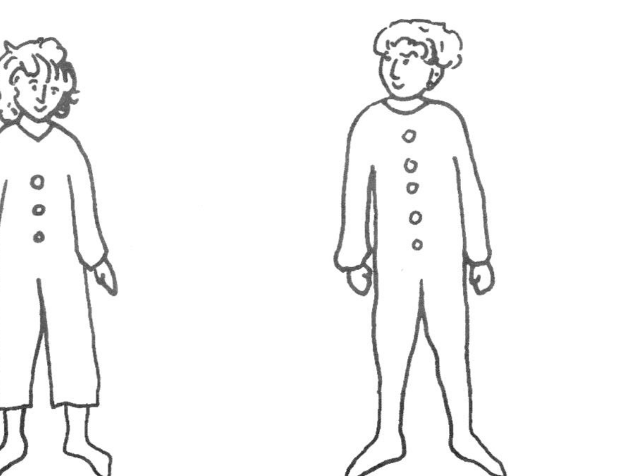

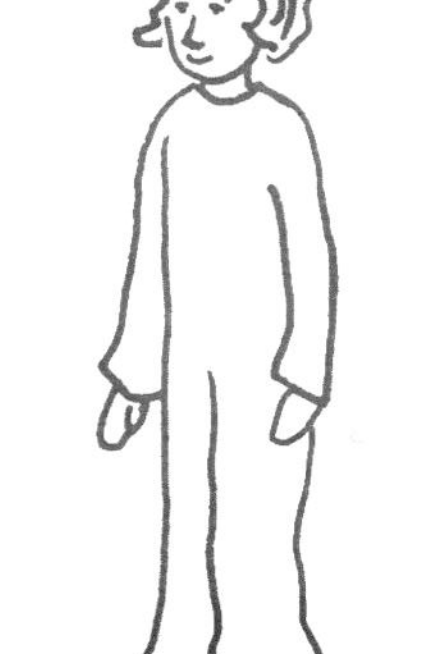
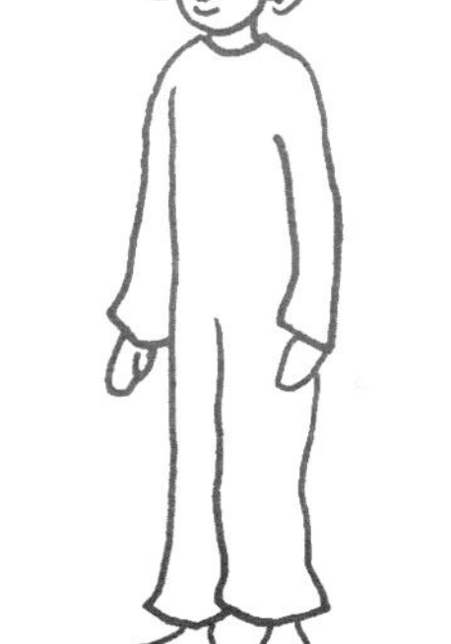
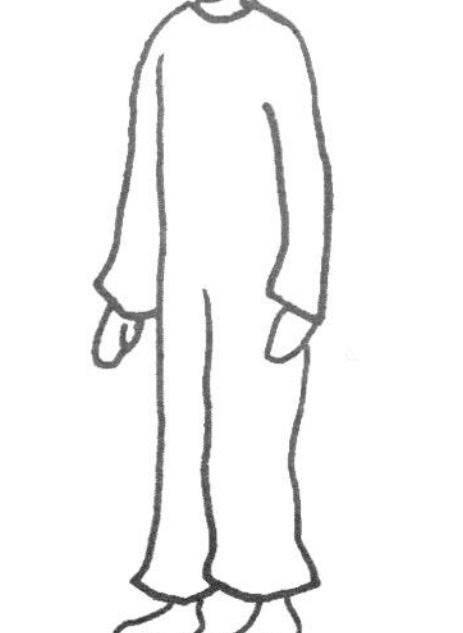

1. Der schwarzhaarige Prinz trägt einen roten Schlafanzug.
2. Der Prinz im grünen Schlafanzug steht nicht neben dem Prinzen im blauen Pyjama.
3. Links vom Prinzen im blauen Schlafanzug steht der schwarzhaarige Prinz.
4. Der Prinz mit den schwarzen Haaren hat einen Teddybären.
5. Rechts vom Prinzen im roten Schlafanzug steht der Prinz mit dem Hasen.
6. Der Prinz mit dem Löwen steht nicht neben dem Prinzen mit den braunen Haaren.
7. Ein Prinz hat blonde Haare.

Hexen

2

Male die Kleider und Kopftücher der Hexen richtig aus! Schreibe auf die Kochtöpfe, was die Hexen zusammenbrauen!

1. Der Topf mit den Kräutern ist nicht in der Mitte.
2. Die Hexen kochen Kräuter, Pilze oder Käferbeine.
3. Vorne steht der Topf mit den Käferbeinen.
4. Die Hexe im roten Kleid steht nicht hinter der Hexe im grünen Kleid.
5. Die Hexe im gelben Kleid steht vor der Hexe im grünen Kleid.
6. Ein Kopftuch hat blaue Punkte.
7. Die Hexe mit dem orange gestreiften Kopftuch kocht keine Pilze.
8. Die hinterste Hexe trägt ein Kopftuch mit violetten Kreisen.

Clowns

3

Male die Clowns richtig aus!

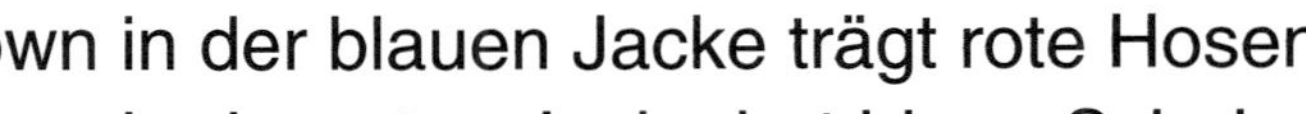

1. Der Clown in der blauen Jacke trägt rote Hosen.
2. Der Clown in der roten Jacke hat blaue Schuhe an.
3. Der Clown in der grünen Jacke hat rote Haare.
4. Der Clown, der neben dem Clown mit den orangen Schuhen steht, hat orange Haare.
5. Der Clown in den orangen Hosen steht nicht neben dem Clown in den roten Hosen.
6. Der Clown, der nicht am Rand steht, trägt eine rote Jacke.
7. Ein Clown hat schwarze Haare.
8. Der Clown links trägt eine grüne Jacke.
9. Ein Clown am Rand trägt einen blauen Hut.
10. Der Clown, der rechts vom Clown mit den blauen Schuhen steht, trägt orange Schuhe und einen grünen Hut.
11. Der Clown in den grünen Hosen trägt einen roten Hut.
12. Die Schuhe sind orange, blau oder grün.

Häuser

3

Zeichne die fehlenden Fenster und Kamine ein! Schreibe in die Kästchen, an welcher Straße die Häuser stehen!

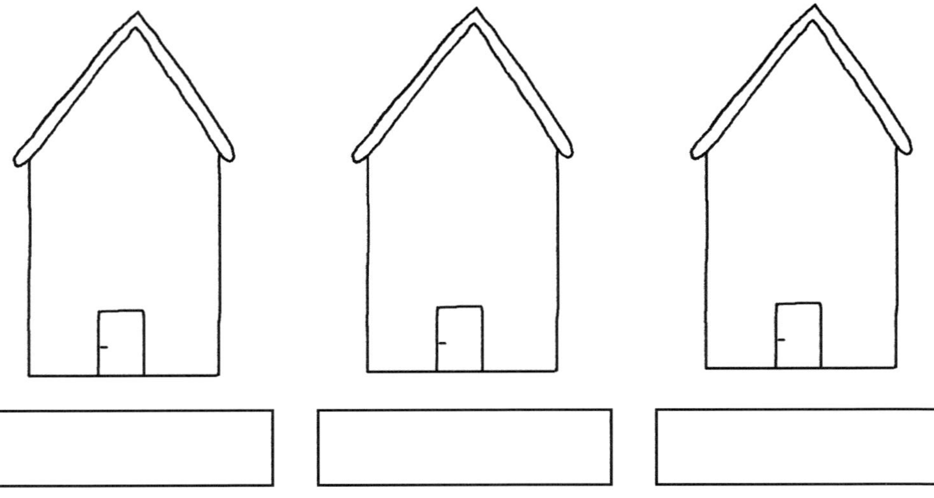

1. Das Haus mit den fünf Fenstern steht am Rand.
2. Das Haus mit den zwei Kaminen steht an der Seestraße.
3. Insgesamt sind es vier Kamine.
4. Das Haus mit den sechs Fenstern steht an der Bergstraße.
5. Das mittlere Haus steht an der Gartenstraße.
6. Das Haus mit den vier Fenstern steht in der Mitte.
7. Das Haus links hat zwei Kamine.
8. Jedes Haus hat mindestens einen Kamin.

Pferde

3

Male die Pferde richtig aus!
Schreibe auf die Decken, welche Startnummern die Pferde haben!
Schreibe in die Kästchen, wie die Pferde heißen!

1. Das braune Pferd steht am Rand.
2. Das Pferd, das am weitesten entfernt vom Pferd mit der Startnummer 8 steht, heißt Trabi.
3. Das hinterste Pferd hat die Startnummer 13.
4. Popper steht vor dem schwarzen Pferd.
5. Ein Pferd ist weiß.
6. Das Pferd mit der Startnummer 19 steht nicht am Rand.
7. Das vorderste Pferd heißt Speedy.

Blumen

3

Zeichne die fehlenden Blüten- und Stielblätter der Blumen ein.
Male die Blumen richtig aus.

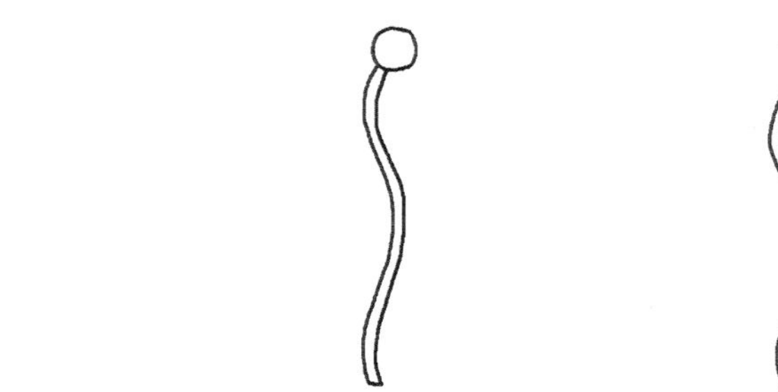

1. Die Blumen am Rand haben eine rote oder eine blaue Blütenmitte.
2. Die Blume, die fünf violette runde Blütenblätter hat, steht rechts von der Blume, die eine gelbe Blütenmitte hat.
3. Rechts von der Blume mit den fünf hellgrünen runden Stielblättern steht die Blume, die eine gelbe Blütenmitte hat.
4. Die Blume mit den violetten Blütenblättern steht nicht neben der Blume mit den sieben roten spitzen Blütenblättern.
5. Die Blume mit den fünf hellgrünen runden Stielblättern steht links.
6. Die fünf-blütenblättrigen Blumen haben je vier dunkelgrüne spitze Stielblätter.
7. Links von der Blume mit den fünf orangen spitzen Blütenblättern steht die Blume mit einer blauen Blütenmitte.
8. Die Stielfarbe der Blumen ist jeweils die gleiche wie die der Stielblätter.

Petra Probst: Logischer Rätselspaß
© Auer Verlag

Fische 3

Male die Köpfe, Körper und Flossen der Fische richtig aus.

1. Die Köpfe der Fische sind orange, rot oder blau.
2. Der unterste Fisch hat keine orangen Flossen.
3. Ein Fisch hat einen violetten Körper.
4. Über dem Fisch mit dem grünen Körper schwimmen zwei andere Fische.
5. Unter dem Fisch mit den roten Flossen schwimmt ein anderer.
6. Die Fische am Rand haben einen blauen oder einen roten Kopf.
7. Der Fisch mit den blauen Flossen hat einen roten Kopf.
8. Über dem Fisch mit dem gelben Körper schwimmt kein anderer Fisch.

Käfer 3

Male die Köpfe und Flügel der Käfer richtig aus.
Schreibe in die Kästchen, wo sich die Käfer aufhalten.

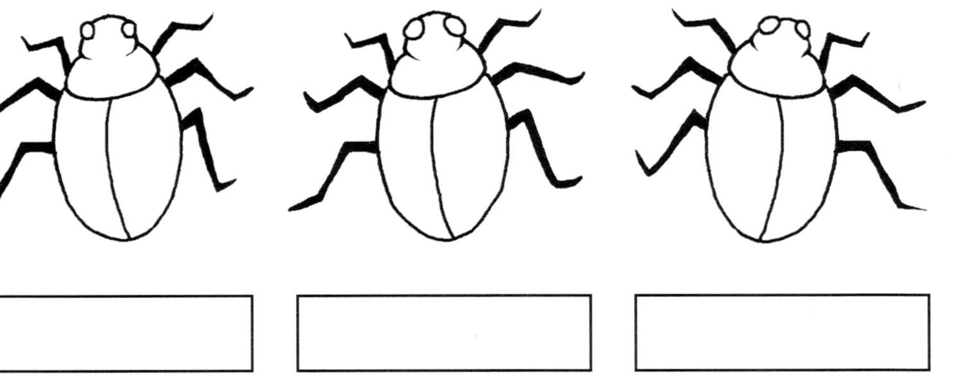

1. Der mittlere Käfer ist nicht auf dem Apfelbaum.
2. Der Käfer mit den grünen Flügeln ist in der Wiese.
3. Der Käfer mit den gelben Flügeln ist nicht am Rand.
4. Zwischen dem Käfer mit dem roten Kopf und dem Käfer mit dem blauen Kopf ist der Käfer mit dem braunen Kopf.
5. Der Käfer mit dem blauen Kopf ist nicht auf der Rose.
6. Der Käfer in der Wiese ist rechts vom Käfer mit dem braunen Kopf.
7. Der Käfer mit den roten Flügeln ist nicht neben dem Käfer mit dem roten Kopf.

Indianer

3

Zeichne die Dekorationen auf die Kleider!
Male die Kleider richtig aus!
Zeichne, was die Indianerinnen in den Händen halten!

1. Eine Indianerin am Rand hat eine gelbe Sonne auf ihrem Kleid.
2. Der grüne Stern ist auf dem roten Kleid.
3. Die Indianerin mit der roten Blume auf dem Kleid steht links.
4. Die Kleider sind blau, braun oder rot.
5. Eine Indianerin hält eine Blume in der Hand.
6. Die Indianerin, die am weitesten entfernt von der Indianerin im blauen Kleid steht, hält einen Krug in der Hand.
7. Rechts von der Indianerin mit dem grünen Stern auf dem Kleid, steht die Indianerin im blauen Kleid.
8. Die Indianerin mit der gelben Sonne auf dem Kleid hält ein Stück Holz in der Hand.

Außerirdische

3

Male die Köpfe, Körper und Füße der Gnüms richtig aus.

1. Der Gnüm mit dem gelben Kopf steht hinter dem Gnüm mit dem blauen Körper.
2. Hinter dem Gnüm mit dem violetten Kopf steht der Gnüm mit den blauen Füßen.
3. Der Gnüm mit den orangen Füßen steht vor dem Gnüm mit dem roten Körper.
4. Ein Gnüm hat einen grünen Körper.
5. Vor dem Gnüm mit dem roten Kopf steht kein anderer Gnüm.
6. Der Gnüm mit den violetten Füßen hat keinen violetten Kopf.

Eisbecher

Male die Schirmchen, Eiskugeln und Gläser richtig aus.

1. Das Schirmchen rechts ist nicht grün.
2. Die Eisbecher am Rand enthalten kein Vanilleeis.
3. Die Eisbecher bestehen entweder aus Vanille- (gelb), Erdbeer- (rot) oder Schokoladeneis (braun).
4. Der Eisbecher mit dem gelben Schirmchen ist nicht im orangen Glas.
5. Das rote Schirmchen ist rechts vom grünen Glas.
6. Das blaue Glas steht rechts vom orangen Glas.
7. Das Glas mit dem Schokoladeneis steht nicht neben dem Eisbecher mit dem gelben Schirmchen.

Vögel

Male das Gefieder und die Schnäbel der Vögel richtig aus! Schreibe in die Kästchen, wie viele Eier die Vögel in ihren Nestern ausbrüten!

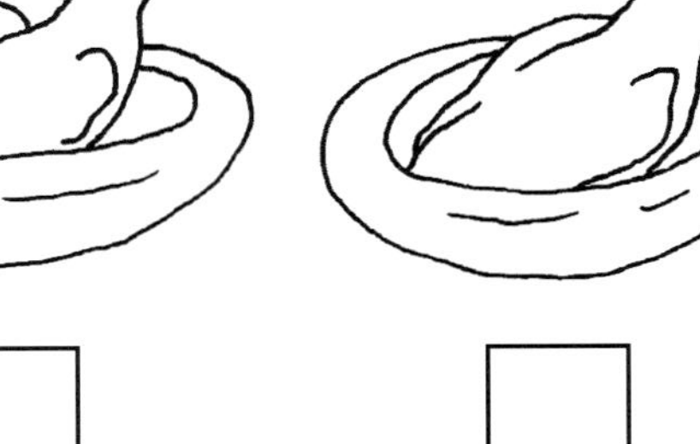

1. Insgesamt sind neun Eier in den Nestern.
2. Der Vogel mit dem gelben Schnabel ist nicht neben dem Vogel mit dem roten Schnabel.
3. In den beiden Nestern am Rand sind entweder zwei oder drei Eier.
4. Die Vögel sind rot, grün oder blau.
5. Der Vogel links hat keinen roten Schnabel.
6. Ein Vogel hat einen orangen Schnabel.
7. Der grüne Vogel ist nicht am Rand.
8. Im Nest links sind am wenigsten Eier.
9. Links vom roten Vogel sitzt kein anderer Vogel.

Zirkus 3

Male die Hüte und Hosen der Messerwerfer richtig aus.
Schreibe in die Kästchen, wie viele Messer sie werfen.

1. Insgesamt werden zwanzig Messer geworfen.
2. Der Hut des Messerwerfers links ist nicht braun.
3. Der Messerwerfer mit der grünen Hose steht links vom Messerwerfer, der elf Messer wirft.
4. Der Messerwerfer links wirft doppelt so viele Messer wie der Messerwerfer rechts.
5. Die Hüte sind braun, schwarz oder rot.
6. Der mittlere Messerwerfer mit dem schwarzen Hut trägt eine blaue Hose.
7. Eine Hose hat dieselbe Farbe wie der Hut des Messerwerfers links.

Kuchen 3

Zeichne die richtigen Dekorationen auf die Kuchen ein!
Schreibe in die Kästchen, für wen die Kuchen gebacken wurden!

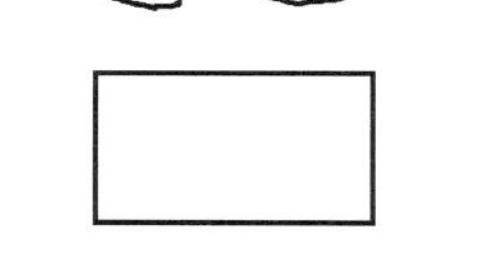
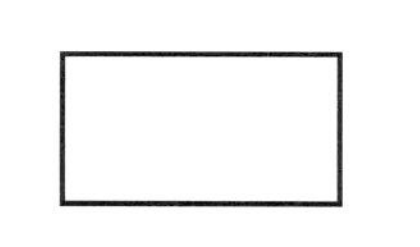
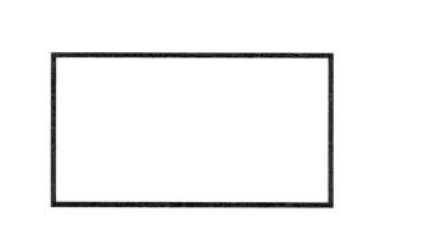
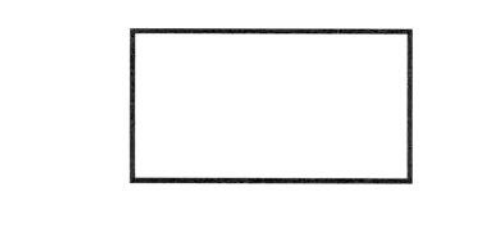

1. Der Kuchen mit den drei grünen Dreiecken ist nicht in der Mitte.
2. Lenas Kuchen steht am Rand.
3. Auf dem Kuchen links sind fünf blaue Quadrate.
4. Ein Kuchen hat sieben rote Kreise.
5. Die Glasuren sind braun, orange oder gelb.
6. Angelas Kuchen hat keine gelbe Glasur.
7. Der Kuchen rechts hat eine orange Glasur.
8. Martins Kuchen steht links vom Kuchen mit den roten Kreisen.

Petra Probst: Logischer Rätselspaß
© Auer Verlag

Zwerge

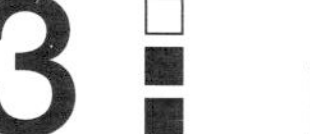

Male die Zwerge richtig aus!
Zeichne die fehlenden Jackenknöpfe ein!
Schreibe in die Kästchen, bei wem die Zwerge im Garten stehen!

1. Der orange Zwerg steht nicht links vom gelben Zwerg.
2. Der grüne Zwerg hat halb so viele Knöpfe wie der orange Zwerg.
3. Zwischen dem orangen Zwerg und dem grünen Zwerg steht ein anderer Zwerg.
4. Die Zwerge stehen im Garten bei den Familien Meier, Steiger oder Fischer.
5. Zusammen haben die Zwerge sechs Knöpfe.
6. Fischers Zwerg steht nicht am Rand.
7. Steigers Zwerg steht nicht links und hat zwei Knöpfe.

Früchte

Zeichne die fehlenden Früchte in die Schalen.
Male die Schalen richtig aus.
Schreibe in die Kästchen, um welche Art Früchte es sich handelt.

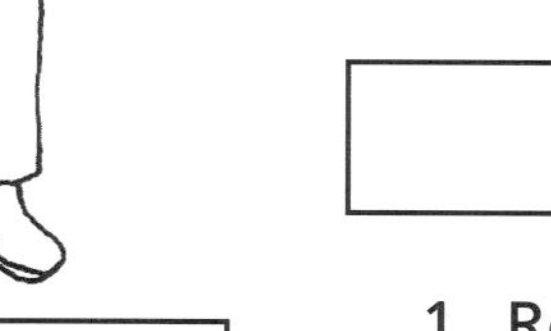

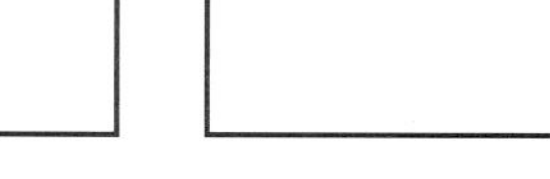

1. Rechts von der blauen Schale steht nicht die rote Schale.
2. Zu den Zitrusfrüchten gehören: Orangen, Zitronen und Grapefruits.
3. Eine Schale ist grün.
4. Rechts von den Zitrusfrüchten steht die blaue Schale.
5. In der Schale links liegen eine Zitrone, zwei Orangen und eine Grapefruit.
6. Links von der Steinobstschale sind zwei Äpfel und eine Birne.
7. Eine Schale ist mit drei Pflaumen, zwei Aprikosen und einem Pfirsich gefüllt.
8. Eine Schale enthält Kernobst.

Sport

3

Male die Haare, Kleider und Schlittschuhe der Eiskunstläuferinnen richtig aus.

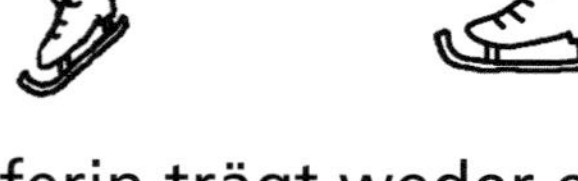

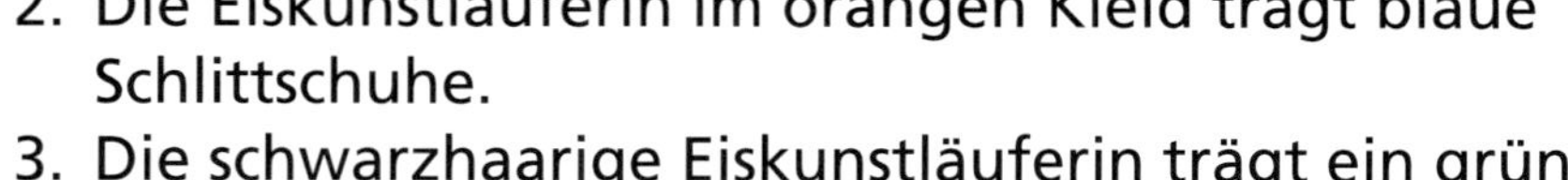

1. Die blonde Eiskunstläuferin trägt weder ein blaues noch ein grünes Kleid.
2. Die Eiskunstläuferin im orangen Kleid trägt blaue Schlittschuhe.
3. Die schwarzhaarige Eiskunstläuferin trägt ein grünes Kleid.
4. Die Eiskunstläuferin mit den blauen Schlittschuhen fährt in der Mitte.
5. Die Eiskunstläuferin mit den grünen Schlittschuhen fährt links von der Eiskunstläuferin mit den blauen Schlittschuhen.
6. Die rothaarige Eiskunstläuferin fährt rechts.
7. Ein Paar Schlittschuhe ist rot.

Hunde

3

Male die Hundekörbe richtig aus!
Schreibe in die Kästchen, wem die Hunde gehören!
Zeichne zu den Hunden, was noch fehlt!

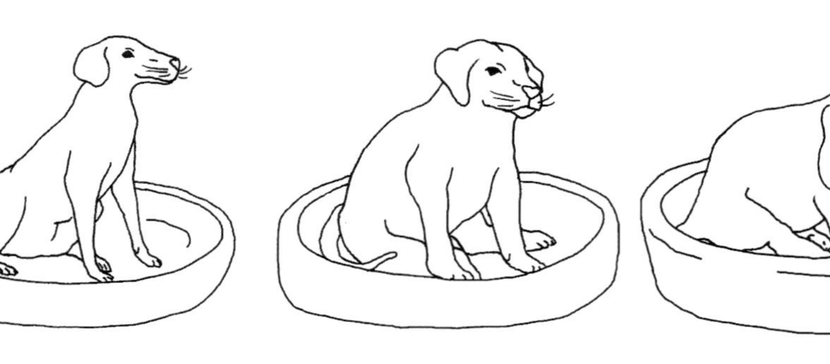
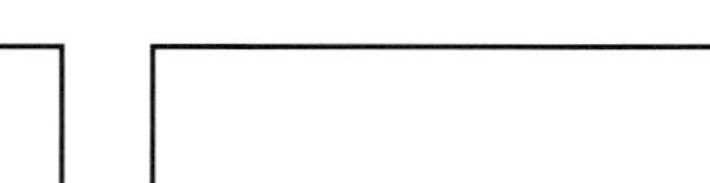
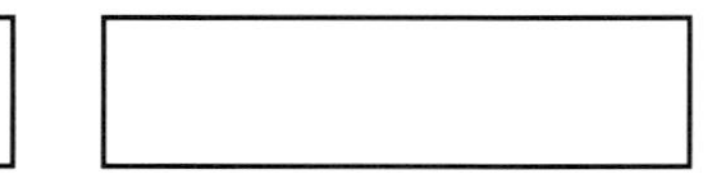
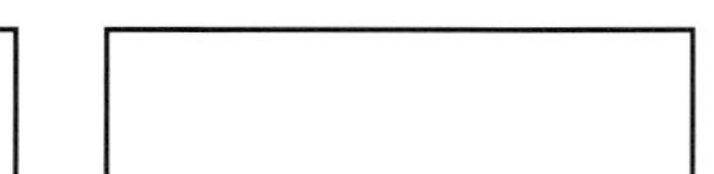

1. Der blaue Hundekorb steht am Rand.
2. Tonis Hundekorb steht nicht neben dem grünen Hundekorb.
3. Die Hunde haben entweder einen Knochen, eine Leine oder einen Ball.
4. Der rote Hundekorb steht rechts vom blauen Hundekorb.
5. Der Hund mit dem Knochen gehört Sandra.
6. Der Hund links hat keine Leine.
7. Der Hund im grünen Hundekorb gehört Franziska.

Ostereier

3

Male die Ostereier richtig aus.

1. Das Ei mit dem blauen Mittelteil ist am Rand.
2. Das Ei mit dem roten Unterteil ist links vom Ei mit dem violetten Mittelteil.
3. Rechts vom Ei mit dem blauen Oberteil ist das Ei mit dem grünen Unterteil.
4. Das Ei in der Mitte hat einen violetten Mittelteil.
5. Ein Unterteil ist orange.
6. Das mittlere Ei hat ein blaues Oberteil.
7. Rechts vom Ei mit dem orangen Unterteil ist das Ei mit dem roten Oberteil.
8. Ein Oberteil ist grün.
9. Das Ei mit dem grünen Oberteil hat einen orangen Mittelteil.

Regenwetter

3

Male die Regenwolken richtig aus.
Zeichne die fehlenden Regentropfen unter die Wolken.
Schreibe in die Kästchen, wie lange sie regnen.

1. Die graue Regenwolke ist nicht neben der schwarzen Regenwolke.
2. Die schwarze Regenwolke hat eine gerade Anzahl Regentropfen.
3. Die weiße Regenwolke regnet drei Stunden.
4. Zusammen sind es zwölf Regentropfen.
5. Die Regenwolke mit den drei Regentropfen regnet eine Stunde.
6. Die Regenwolke, die eine Stunde regnet, ist nicht neben der Regenwolke, die zwei Stunden regnet.
7. Rechts neben der Regenwolke mit den fünf Regentropfen ist die Regenwolke mit der geraden Anzahl Regentropfen.

Schiffe

3

Male die Schiffe und deren Fahnen richtig aus.
Schreibe in die Kästchen, wohin die Schiffe fahren.

1. Ein Schiff fährt nach Genua.
2. Zwischen dem blauen Schiff und dem grünen Schiff schwimmt ein anderes.
3. Das gelbe Schiff schwimmt hinter dem Schiff mit der blauen Fahne.
4. Das Schiff, das nach Hamburg fährt, hat keine rote Fahne.
5. Hinter dem gelben Schiff schwimmt das blaue Schiff.
6. Das Schiff, das nach Bastia fährt, hat eine grüne Fahne.
7. Das Schiff hinter dem gelben Schiff hat eine rote Fahne.

Schmetterlinge

3

Male die Schmetterlinge richtig aus.

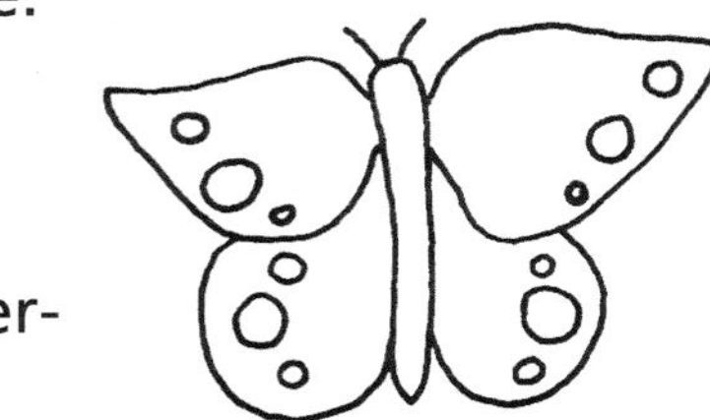

1. Ein Schmetterling hat rote Punkte.
2. Ein Schmetterling hat violette Flügel.
3. Unter dem grün gepunkteten Schmetterling fliegt der Schmetterling mit dem braunen Körper.
5. Der Schmetterling mit den orangen Flügeln fliegt nicht in der Mitte.
6. Der Schmetterling mit den schwarzen Punkten fliegt nicht ganz oben.
7. Zwischen dem Schmetterling mit dem braunen Körper und dem Schmetterling mit dem orangen Körper fliegt der Schmetterling mit dem schwarzen Körper.
8. Der Schmetterling mit den blauen Flügeln fliegt über dem Schmetterling mit den orangen Flügeln.

Frösche

3

Male die Frösche richtig aus.
Schreibe in die Kästchen, wie die Frösche heißen.

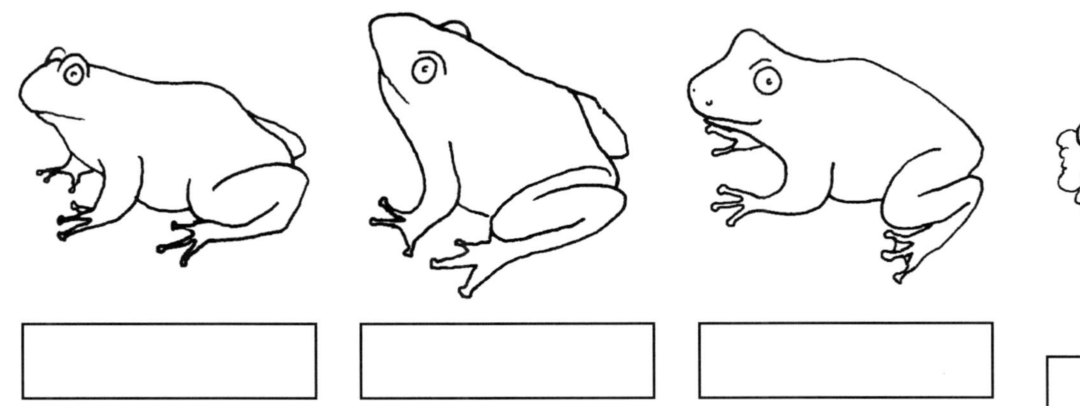

1. Hinter Napoleon sitzt der blaue Frosch.
2. Kleopatra hat keine roten Augen.
3. Caesar ist nicht braun.
4. Vor dem Frosch mit den blauen Augen sitzt nur ein anderer Frosch.
5. Der Frosch mit den schwarzen Augen ist nicht blau.
6. Kleopatra sitzt ganz vorne.
7. Der grüne Frosch hat keine blauen Augen.

Sonnenschein

Male die Sonnenhüte der Kinder richtig aus.
Schreibe auf die Flaschen, welchen Sonnenschutzfaktor die Sonnencremes haben.
Schreibe in die Kästchen, wie die Kinder heißen.

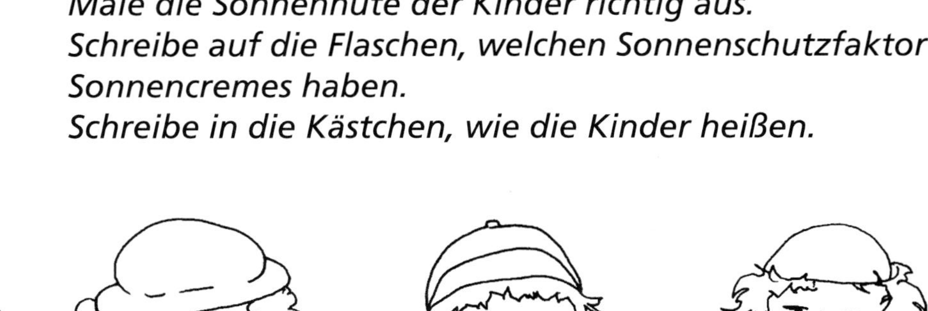

1. Pascal trägt keinen blauen Sonnenhut.
2. Dominiks Sonnencreme hat nicht Schutzfaktor 30.
3. Melanies Sonnencreme hat einen dreimal so hohen Schutzfaktor wie Pascals Sonnencreme.
4. Das Kind mit dem grünen Sonnenhut ist nicht neben dem Kind mit dem Schutzfaktor 25.
5. Das Kind mit dem schwarzen Sonnenhut ist in der Mitte.
6. Das Kind mit dem schwarzen Sonnenhut hat mit Schutzfaktor 30 den höchsten Schutzfaktor.
7. Rechts von Dominik ist Melanie.

Bilder 3

Male die Bilderrahmen und die Bilder richtig aus!

1. Das Bild mit dem grünen Hintergrund hängt am weitesten entfernt vom Bild mit dem orangen Hintergrund.
2. Der oberste Rahmen hat die gleiche Farbe wie der Hintergrund des mittleren Bildes.
3. Zwischen dem Bild mit der roten Blume und dem Bild mit der blauen Blume hängt das Bild mit der violetten Blume.
4. Das Bild mit dem grünen Rahmen hängt direkt über dem Bild mit dem roten Rahmen.
5. Das unterste Bild hat einen grünen Hintergrund.
6. Das Bild mit der blauen Blume hat einen grünen Hintergrund.
7. Unter dem Bild mit der violetten Blume hängt das Bild mit dem roten Rahmen.
8. Das Bild mit dem gelben Hintergrund hängt direkt über dem Bild mit dem grünen Hintergrund.

Drachen 3

Male die Drachen und deren Kämme richtig aus!
Schreibe in die Kästchen, wie viele Eier die Drachen ausbrüten!

1. Insgesamt werden zwölf Eier ausgebrütet.
2. Der hinterste Drache hat einen violetten Kamm.
3. Der grüne Drache brütet drei Eier aus.
4. Der rote Drache sitzt hinter dem orangen Drachen.
5. Der Drache mit dem blauen Kamm sitzt vor dem Drachen mit dem grünen Kamm.
6. Die Drachen am Rand brüten entweder drei oder vier Eier aus.
7. Hinter dem grünen Drachen sitzen zwei andere Drachen.

Transportmittel 3

Zeichne das Firmenzeichen der Fluggesellschaften auf die Leitwerke (Flugzeugschwänze)!
Male die Flugzeuge richtig aus!
Schreibe in die Kästchen, welcher Fluggesellschaft die Flugzeuge gehören!

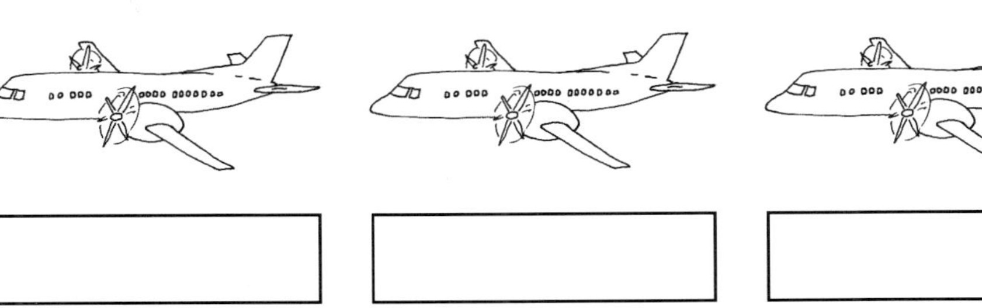

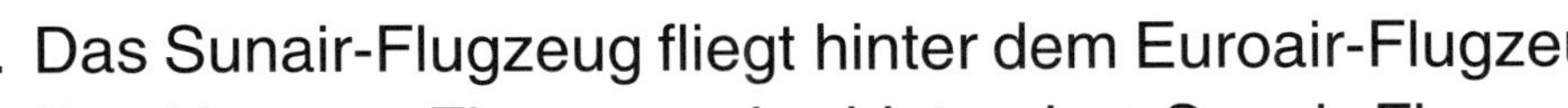

1. Das Sunair-Flugzeug fliegt hinter dem Euroair-Flugzeug.
2. Das hinterste Flugzeug, das hinter dem Sunair-Flugzeug fliegt, ist grün.
3. Das Flugzeug mit dem violetten Dreieck auf dem Leitwerk fliegt ganz hinten.
4. Das Aerospeed-Flugzeug fliegt hinter dem orangen Flugzeug.
5. Das Flugzeug, das ein rotes Dreieck auf dem Leitwerk hat, fliegt vor dem Flugzeug mit dem gelben Kreis.
6. Das blaue Flugzeug fliegt vor dem Sunair-Flugzeug.

Hasen 3

Male die Hasen richtig aus!
Zeichne zu jedem Hasen, wie viele Karotten er frisst!
Schreibe in die Kästchen, wie die Hasen heißen!

1. Die Hasen am Rand fressen entweder zwei oder drei Karotten.
2. Die Hasen sind braun, schwarz oder weiß.
3. Der braune Hase heißt nicht Hopsi.
4. Insgesamt fressen die Hasen acht Karotten.
5. Der braune Hase sitzt nicht am Rand.
6. Der Hase rechts heißt nicht Pfüpfi.
7. Der Hase links frisst am wenigsten Karotten.
8. Rechts vom weißen Hasen sitzt kein anderer Hase.
9. Die beiden Hasen, die gleich viele Karotten fressen, heißen Pfüpfi und Nudi.

Katzen 3

Male die Katzen richtig aus!
Schreibe die Namen der Katzen in die Kästchen!
Zeichne ein, was fehlt!

1. Die Katzen haben entweder eine Maus, ein Halsband oder ein Wollknäuel.
2. Die Katze rechts hat keine Maus.
3. Die Katze in der Mitte hat kein Wollknäuel.
4. Mao ist am weitesten von der braunen Katze entfernt.
5. Die Katze mit dem Halsband sitzt nicht neben Strolchi.
6. Mizi sitzt neben der roten Katze.
7. Die Katze links hat ein Halsband.
8. Strolchi sitzt neben der schwarzen Katze.

Möbel 3

Male die Tischplatten und die Tischbeine richtig aus!
Zeichne, was fehlt!

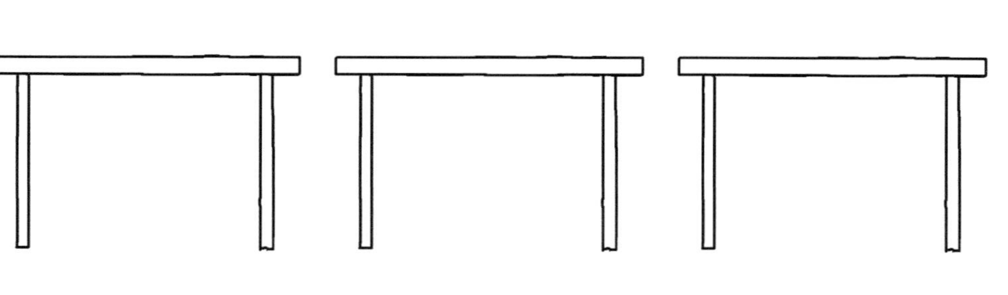

1. Der Tisch mit den blauen Beinen steht nicht neben dem Tisch mit den braunen Beinen.
2. Der Tisch mit der orangen Platte hat blaue Beine.
3. Auf dem Tisch, der nicht am Rand steht, steht eine blaue Vase mit Blumen.
4. Der Tisch, der neben dem Tisch mit der grünen Platte steht, hat eine rote Platte.
5. Auf dem Tisch mit der grünen Platte steht eine violette Tasse.
6. Der Tisch mit den schwarzen Beinen steht links vom Tisch, auf dem eine grüne Flasche steht.

Telefone 3

Male die Haare und Telefone richtig aus.
Schreibe in die Kästchen, wo sich die Personen befinden.

1. Die Person mit dem blauen Telefon ist am Bahnhof.
2. Die braunhaarige Person sagt: „Hallo Sandra, da ist Alex. Ich bin bei Toni beim Spielen. Darf ich ...“
3. Die Person mit dem schwarzen Telefon steht nicht an der Bushaltestelle.
4. Die Person rechts hat keine schwarzen Haare.
5. Das rote Telefon ist nicht links.
6. Die blonde Person ist nicht neben der Person, die mit ihrer Schwester Sandra telefoniert.
7. Rechts von Alex telefoniert die schwarzhaarige Person.
8. Das blaue Telefon ist nicht in der Mitte.

Uhren 3

Male die Uhren und die Uhrbänder richtig aus!
Schreibe die richtigen Zeiten auf die Ziffernblätter!

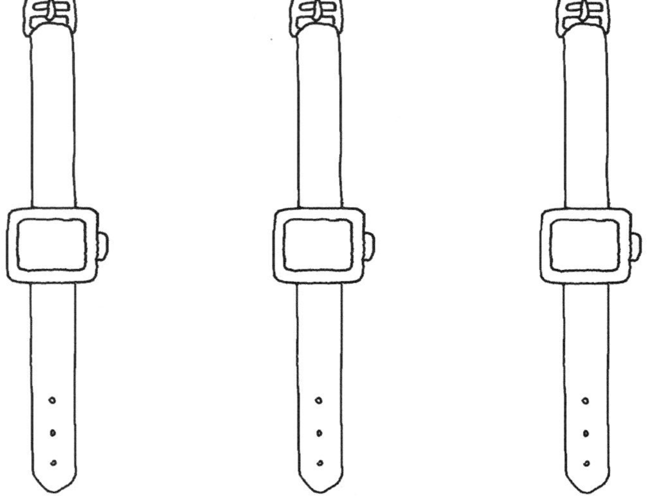

1. Die Uhren zeigen 12.00, 14.00 und 16.00 an.
2. Am Rand ist eine blaue Uhr.
3. Rechts von der gelben Uhr ist die Uhr mit dem blauen Uhrband.
4. Rechts von der roten Uhr liegt keine andere Uhr.
5. Die gelbe Uhr hat ein oranges Uhrband.
6. Die Uhr in der Mitte zeigt vier Stunden früher an als die linke Uhr.
7. Die rote Uhr ist nicht neben der Uhr mit dem grünen Uhrband.

Gefäße

3

Male die Vorratsdosen und deren Deckel richtig aus!
Schreibe in die Kästchen, womit sie gefüllt sind!

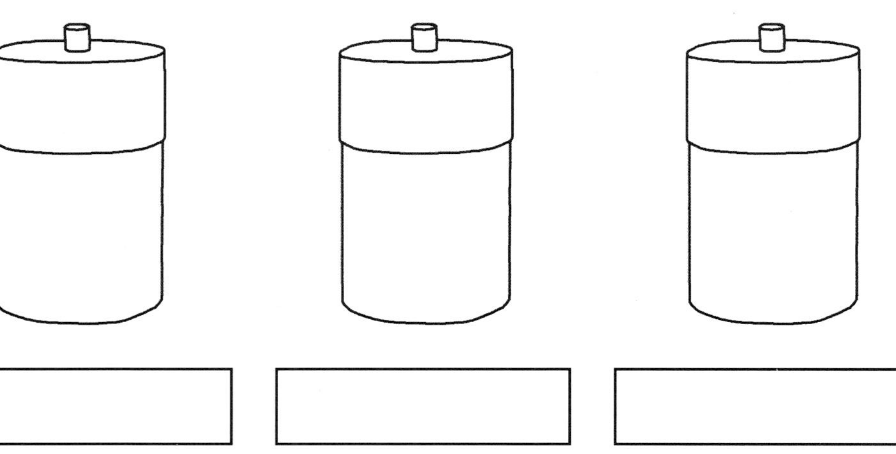

1. Die mit Mehl gefüllte Dose steht rechts von der mit Zucker gefüllten Dose.
2. Die mit Mehl gefüllte Dose hat keinen blauen Deckel.
3. Die grüne Dose steht rechts.
4. Die mit Salz gefüllte Dose hat keinen roten Deckel.
5. Die violette Dose steht nicht in der Mitte.
6. Die violette Dose hat keinen blauen Deckel.
7. Die gelbe Dose hat einen orangen Deckel.

Prinzessinnen

3

Vervollständige die Frisuren der Prinzessinnen!
Male die Haare, die Kleider und die Ketten richtig aus!

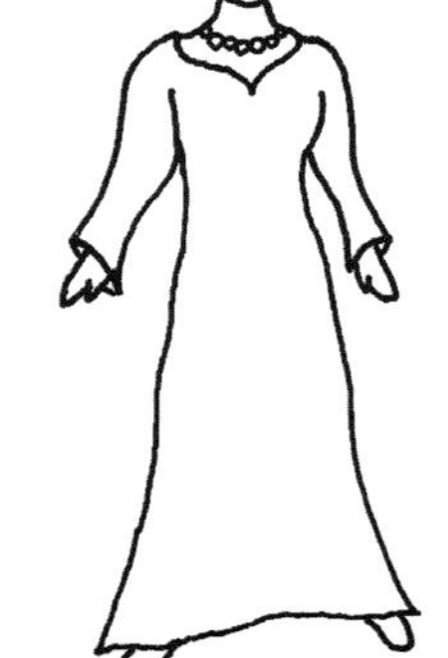

1. Die Ketten sind grün, blau oder orange.
2. Die Prinzessin im blauen Kleid trägt eine orange Kette.
3. Die orange Kette ist nicht in der Mitte.
4. Die Prinzessin, die zwischen der Prinzessin mit den braunen Zöpfen und der Prinzessin mit den kurzen blonden Haaren steht, trägt lange rote, gewellte Haare.
5. Die Prinzessin im violetten Kleid steht links von der Prinzessin mit der grünen Kette.
6. Die Prinzessin links trägt braune Zöpfe.
7. Die blaue Kette ist am Rand.
8. Eine Prinzessin trägt ein oranges Kleid.

Petra Probst: Logischer Rätselspaß
© Auer Verlag

Gemüse

Zeichne zu den Suppentellern, womit die Suppen garniert werden und beschrifte sie.
Male die Suppenteller richtig aus.
Schreibe in die Kästchen, mit welchen Suppen die Teller gefüllt sind.

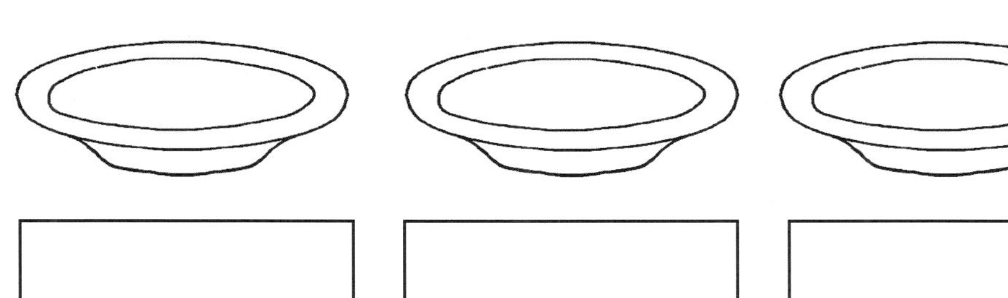

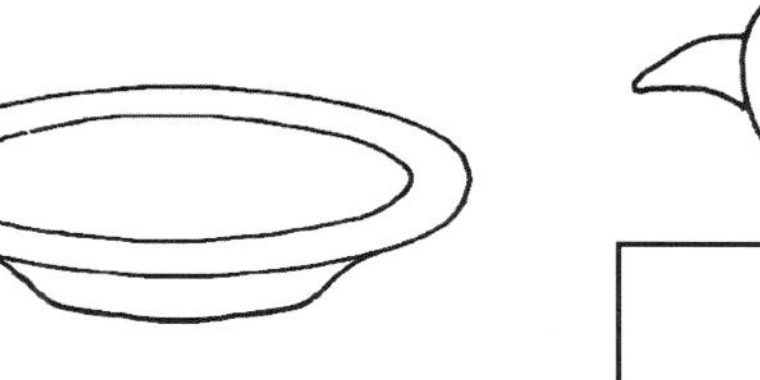

1. Neben dem Karottensuppenteller steht der gelbe Teller.
2. Rechts von der Suppe, die mit Basilikum garniert wird, steht der blaue Suppenteller.
3. Die Suppe links vom gelben Teller wird nicht mit Petersilie garniert.
4. Die Tomatensuppe (rot) steht zwischen der Karottensuppe (orange) und der Kürbissuppe (orange).
5. Eine Suppe wird mit Schnittlauch garniert.
6. Die mittlere Suppe wird mit Basilikum garniert.
7. Die Karottensuppe ist nicht im blauen Teller.
8. Ein Teller ist grün.

Schnecken

Male die Schnecken und deren Häuschen richtig aus.
Schreibe in die Kästchen, wie weit die Schnecken kriechen.

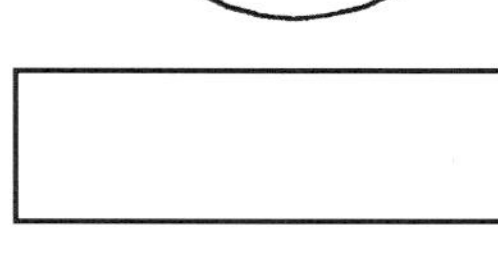

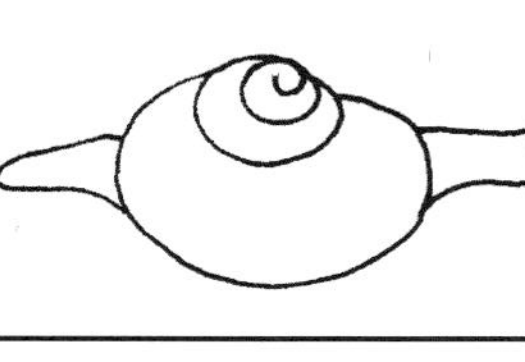

1. Die Häuschen sind violett, rot oder grün.
2. Hinter der orangen Schnecke kriecht die Schnecke mit dem violetten Häuschen.
3. Die hinterste Schnecke ist nicht orange.
4. Die vorderste Schnecke kriecht halb so weit wie die mittlere Schnecke, aber doppelt so weit wie die schwarze Schnecke.
5. Die vorderste Schnecke ist nicht orange.
6. Die Schnecken sind braun, schwarz oder orange.
7. Die Schnecke vor der Schnecke mit dem grünen Häuschen kriecht 2 m weit.
8. Die braune Schnecke kriecht vor der Schnecke mit dem grünen Häuschen.

Prinzen 3

Male die Haare und Umhänge der Prinzen richtig aus. Schreibe in die Kästchen, wie viele Schwestern die Prinzen haben.

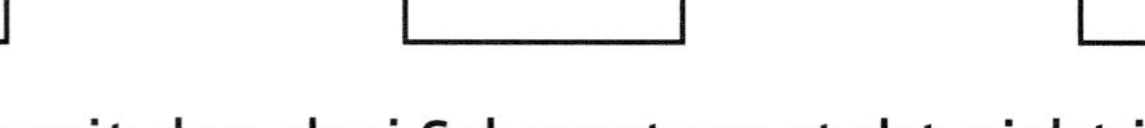

1. Der Prinz mit den drei Schwestern steht nicht in der Mitte.
2. Der vorderste Prinz trägt keinen blauen Umhang.
3. Der schwarzhaarige Prinz hat nicht nur eine Schwester.
4. Der blonde Prinz hat nicht zwei Schwestern.
5. Der blonde Prinz steht nicht direkt vor dem Prinzen im grünen Gewand.
6. Der braunhaarige Prinz steht hinter dem Prinzen im roten Gewand.
7. Der Prinz im blauen Gewand steht vor dem Prinzen im grünen Gewand.
8. Der mittlere Prinz hat doppelt so viele Schwestern wie der vorderste Prinz.

Hexen 3

*Male die Hexen und die Besen richtig aus!
Schreibe in die Kästchen, wie die Hexen heißen!*

1. Die Hexen heißen Trixi, Trexi und Traxi.
2. Die gelbe Hexe fliegt hinter der Hexe mit dem blauen Besen.
3. Trixi fliegt nicht ganz hinten.
4. Vor Trixi fliegt die Hexe mit dem grünen Besen.
5. Vor der blauen Hexe fliegt keine andere Hexe.
6. Die rote Hexe fliegt nicht hinter Trexi.
7. Die Hexe auf dem orangen Besen fliegt nicht direkt hinter der blauen Hexe.

Clowns

Male die Mäntel und die Schuhe der Clowns richtig aus!
Zeichne die fehlenden Bälle!

1. Die Mäntel sind gelb, orange, rot oder violett.
2. Der Clown rechts außen trägt einen roten Mantel.
3. Der Clown im orangen Mantel steht direkt zwischen dem Clown im gelben Mantel und dem Clown im roten Mantel.
4. Der Clown mit den orangen Schuhen steht am Rand.
5. Der Clown im violetten Mantel trägt gelbe Schuhe.
6. Der Clown mit den grünen Schuhen steht nicht neben dem Clown mit den orangen Schuhen.
7. Insgesamt wird mit fünfzehn Bällen jongliert.
8. Der vierte Clown von links jongliert mit fünf Bällen.
9. Der Clown mit den blauen Schuhen jongliert mit zwei Bällen.
10. Der Clown, der nicht neben dem Clown im orangen Mantel steht, jongliert mit einem Ball.

Häuser

4

Male die Häuser, deren Fensterläden und Türen richtig aus!
Schreibe die Hausnummern in die Kreise!

1. Links vom grünen Haus steht das Haus mit der Hausnummer 8.
2. Das Haus mit der Hausnummer 6 hat eine orange Tür.
3. Das Haus, das links neben dem Haus mit der orangen Tür steht, hat orange Fensterläden.
4. Ganz rechts außen steht das grüne Haus.
5. Das vierte Haus von rechts mit der Hausnummer 12 hat rote Fensterläden.
6. Das gelbe Haus steht am Rand.
7. Das dritte Haus von links hat eine violette Tür so wie das gelbe Haus.
8. Das Haus mit der Hausnummer 10 hat eine rote Tür und blaue Fensterläden.
9. Das orange Haus steht links vom blauen Haus.
10. Zwei Häuser haben rote Fensterläden.

Pferde

4

Male die Pferde richtig aus!
Schreibe in die Kästchen, was die Pferde fressen!

1. Das Pferd, das Gras frisst, hat eine schwarze Mähne und einen schwarzen Schweif.
2. Das Pferd mit dem schwarzen Fell steht direkt vor dem Pferd mit dem braunen Fell.
3. Das Pferd mit dem weißen Fell hat ebenfalls eine schwarze Mähne und einen schwarzen Schweif wie das Pferd direkt vor ihm.
4. Das Pferd, das Zucker frisst, steht am weitesten entfernt vom Pferd, das Hafer frisst.
5. Das Pferd mit der braunen Mähne und dem braunen Schweif steht hinter dem Pferd mit der gelben Mähne und dem gelben Schweif.
6. Ein Pferd frisst Karotten.
7. Das Pferd mit dem schwarzen Fell hat nur noch ein anderes Pferd vor sich.
8. Das vorderste Pferd frisst Hafer.
9. Es gibt zwei Pferde mit braunem Fell.

Blumen

4

Male die Blumen richtig aus.
Schreibe in die Kästchen, wo die Blumen wachsen.

1. Die rote und die gelbe Blume sind in der Mitte.
2. Die Blume links ist nicht violett.
3. Die gelbe Blume steht nicht neben der Blume, die auf der Wiese wächst.
4. Die rote Blume wächst beim Schulhaus.
5. Die Stielblätter der roten und der orangen Blumen sind hellgrün.
6. Die violette Blume ist am weitesten von der orangen Blume entfernt.
7. Die Blume, die auf der Wiese wächst, steht nicht neben der Blume, die im Garten wächst.
8. Zwei Blumen haben dunkelgrüne Stielblätter.
9. Die Blume, die im Wald wächst, steht rechts von der orangen Blume.

Fische 4

Male die Köpfe, Körper und Flossen der Fische richtig aus.

1. Die Fische links haben keinen roten Kopf.
2. Der Fisch mit dem roten Kopf schwimmt über dem Fisch mit dem orangen Körper.
3. Die Köpfe der Fische sind rot, blau, grün oder violett.
4. Die Flossen der oberen Fische sind nicht grün.
5. Die Fische rechts haben keine gelben Flossen.
6. Der Fisch mit dem gelben Körper schwimmt nicht oben.
7. Einer der Fische rechts hat blaue Flossen, der andere rote.
8. Der Fisch mit den grünen Flossen hat einen violetten Kopf.
9. Über dem Fisch mit dem blauen Kopf schwimmt der Fisch mit dem violetten Körper.
10. Die Köpfe der Fische links sind nicht blau.
11. Hinter dem Fisch mit dem roten Körper schwimmt der Fisch mit den roten Flossen.

Käfer 4

Male die Köpfe, Flügel und Beine der Käfer richtig aus.

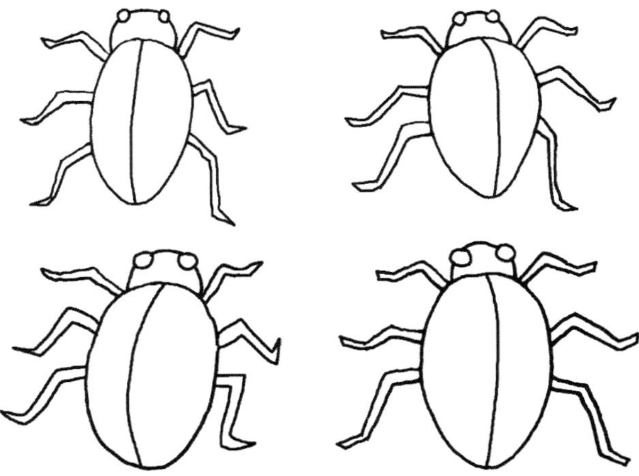

1. Unter dem Käfer mit dem roten Kopf ist der Käfer mit den schwarzen Beinen.
2. Einer der oberen Käfer hat blaue Flügel, der andere rote.
3. Einer der Käfer links hat orange Beine, der andere schwarze.
4. Unter dem Käfer mit den blauen Flügeln ist der Käfer mit den orangen Flügeln.
5. Rechts vom Käfer mit den blauen Flügeln ist der Käfer mit den roten Flügeln.
6. Über dem Käfer mit den grünen Flügeln ist der Käfer mit dem violetten Kopf.
7. Über dem Käfer mit dem braunen Kopf ist der Käfer mit den braunen Beinen.
8. Der Käfer mit den gelben Beinen ist rechts vom Käfer mit dem gelben Kopf.

Indianer

4

*Male die Kleider und die Paddel der Indianer richtig aus!
Schreibe in die Kästchen, wie die Indianer heißen!*

1. Blaue Welle sitzt nicht vorne.
2. Stilles Wasser hält ein oranges Paddel.
3. Die Indianer, die vorne sitzen, haben keine roten Paddel.
4. Unten hält Kleiner Tropf das blaue Paddel.
5. Die Indianer oben tragen braune Kleider.
6. Hinter Kleiner Tropf sitzt Großer Tropf mit dem grünen Paddel.
7. Die Indianer unten tragen orange Kleider.

Außerirdische

4

*Male die Köpfe, Körper und Schwänze der Togger richtig aus.
Schreibe in die Kästchen, wie die Togger heißen.*

1. Die Togger in der Mitte haben keine roten Schwänze.
2. Xavix steht nicht neben Klepomix.
3. Die Schwänze sind rot, gelb, grün oder blau.
4. Der Togger mit dem blauen Körper steht nicht neben Turix.
5. Zwischen Turix und dem Togger mit dem violetten Kopf steht Xavix.
6. Turix steht rechts vom Togger mit dem orangen Kopf.
7. Rechts vom Togger mit dem grünen Kopf steht der Togger mit dem orangen Körper.
8. Holprix steht am Rand.
9. Der Togger mit dem roten Kopf steht zwischen dem Togger mit gelbem Schwanz und dem Togger mit blauem Körper.
10. Der Togger mit dem violetten Körper steht nicht neben Xavix.
11. Der Togger mit dem grünen Schwanz steht nicht neben dem Togger mit dem roten Körper.
12. Klepomix steht links.

Eisbecher

4

Male die Eiskugeln und die Gläser richtig aus.
Schreibe in die Kästchen, wie die Eisbecher heißen.

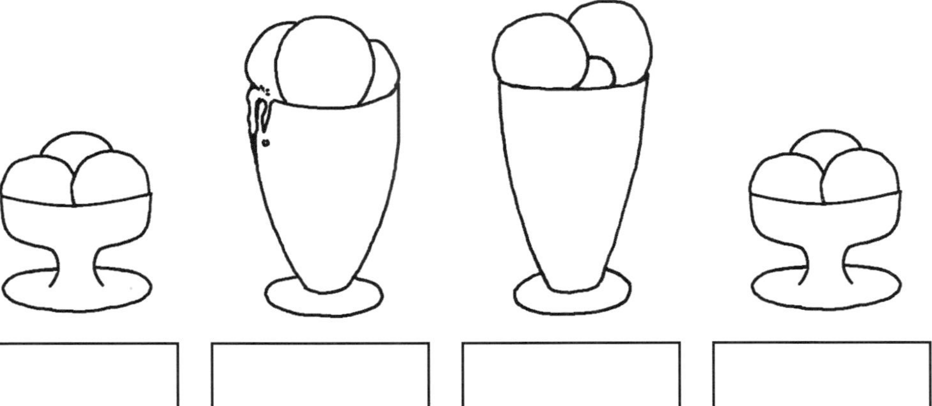

1. Rechts vom Eisbecher Jambo steht der Eisbecher mit dem Meloneneis (orange).
2. Der Eisbecher Jambo besteht aus Schokoladeneis (braun).
3. Das grüne Glas steht links.
4. Der Eisbecher Reki ist in einem blauen Glas.
5. Der Eisbecher im gelben Glas hat Pfefferminzeis (grün).
6. Der Eisbecher Joko besteht aus Zitroneneis (gelb).
7. Rechts vom Eisbecher mit dem Meloneneis steht der Eisbecher Yeti.
8. Der Eisbecher Jambo ist in einem roten Glas.
9. Rechts vom grünen Glas steht der Eisbecher Jambo.

Vögel

4

Zeichne jedem Vogel die richtige Anzahl Schwanzfedern ein!
Male die Vögel richtig aus!
Schreibe in die Kästchen, wem die Vögel gehören!

1. Der blaue Vogel steht ganz vorne.
2. Hugos Vogel steht zwischen den Vögeln von Maya und Michael.
3. Ganz hinten steht Pauls grüner Vogel.
4. Der Vogel mit den vier Schwanzfedern ist nicht gelb.
5. Vor oder hinter Hugos Vogel steht der rote Vogel.
6. Mayas Vogel hat vier Schwanzfedern.
7. Zusammen haben alle Vögel zehn Schwanzfedern.
8. Hinter dem Vogel mit den drei Schwanzfedern stehen drei andere Vögel.
9. Hugos Vogel hat eine Schwanzfeder.

Zirkus

4

Male die Haare, T-Shirts und Hosen der Trapezkünstlerinnen richtig aus.

1. Die blonde Trapezkünstlerin ist über der braunhaarigen Trapezkünstlerin in der schwarzen Hose.
2. Die schwarzhaarige Trapezkünstlerin links trägt ein oranges T-Shirt.
3. Eine der Trapezkünstlerinnen oben trägt eine rote Hose, die andere eine orange.
4. Die Trapezkünstlerin im schwarzen T-Shirt befindet sich neben der Trapezkünstlerin im roten T-Shirt.
5. Eine der Trapezkünstlerinnen rechts trägt ein rotes T-Shirt, die andere ein gelbes.
6. Über der Trapezkünstlerin im orangen T-Shirt ist die Trapezkünstlerin in der roten Hose.
7. Über der Trapezkünstlerin in der gelben Hose turnt die rothaarige Trapezkünstlerin.

Kuchen

4

Male die Geburtstagskuchen richtig aus!
Zeichne die fehlenden Kerzen ein!
Schreibe in die Kästchen, für wen die Kuchen gebacken wurden!

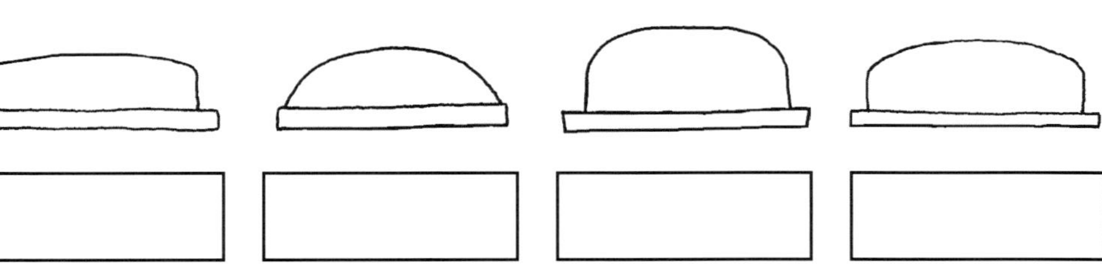

1. Der braune Kuchen steht nicht neben dem gelben Kuchen.
2. Insgesamt sind es zwanzig Kerzen.
3. Leonis Kuchen hat mit sieben Kerzen am meisten Kerzen von allen Kuchen.
4. Leonis Kuchen ist braun.
5. Rechts von Davids Kuchen steht Svenjas Kuchen.
6. Ein Kuchen ist orange.
7. Davids roter Kuchen hat doppelt so viele Kerzen wie Svenjas Kuchen.
8. Der Kuchen links außen wurde für Jonas gebacken.
9. Leonis Kuchen steht nicht rechts außen.
10. David ist ein Jahr jünger als Leoni.

Zwerge

4

Schreibe in die Kästchen, wie die Zwerge heißen!
Male die Zwerge richtig aus!
Zeichne die richtige Anzahl Edelsteine in die Säcke!

1. Dolk steht ganz vorne.
2. Zwischen Tors und Zirp steht Mollo.
3. Der rote Zwerg hat drei Edelsteine.
4. Zirp steht nicht ganz hinten.
5. Hinter dem grünen Zwerg steht nur noch ein anderer Zwerg.
6. Der orange Zwerg steht nicht am Rand.
7. Der Zwerg mit vier Edelsteinen steht nicht am Rand und nicht direkt vor oder hinter dem roten Zwerg.
8. Der blaue Zwerg steht nicht direkt vor oder hinter Zirp.
9. Zusammen haben die Zwerge zwölf Edelsteine.
10. Der Zwerg ohne Edelsteine steht zwischen zwei anderen Zwergen.

Früchte

4

Male die Früchte und die Teller richtig aus.

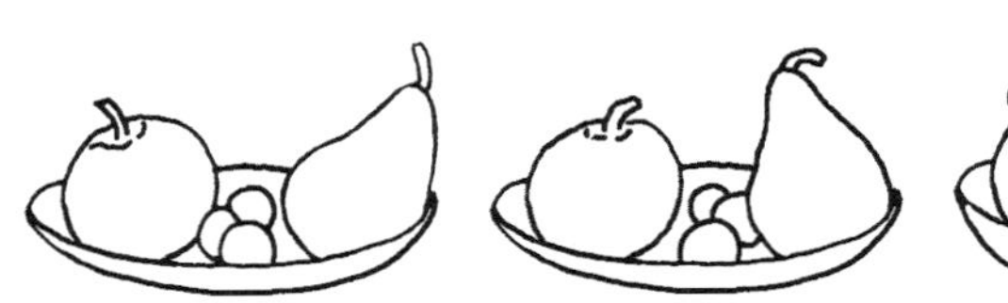

1. In zwei Tellern nebeneinander liegen je drei Pflaumen (rot).
2. Der Teller links ist nicht blau.
3. Die Birnen am Rand sind grün.
4. Zwischen einem Teller mit drei Pflaumen und dem Teller mit den drei Mirabellen (gelb) ist der Teller mit den drei Aprikosen (orange).
5. Der rote und der blaue Teller sind am Rand.
6. Der gelbe Apfel ist nicht am Rand.
7. Die Äpfel am Rand sind grün.
8. Links vom grünen Teller steht der schwarze Teller.
9. Rechts vom Teller mit den drei gelben Mirabellen steht kein anderer Teller mehr.
10. Es gibt je zwei gelbe und zwei grüne Birnen.
11. Links vom roten Apfel ist ein grüner Apfel.

Sport

4

Male die Anzüge, Flossen und Sauerstoffflaschen der Taucherinnen richtig aus.

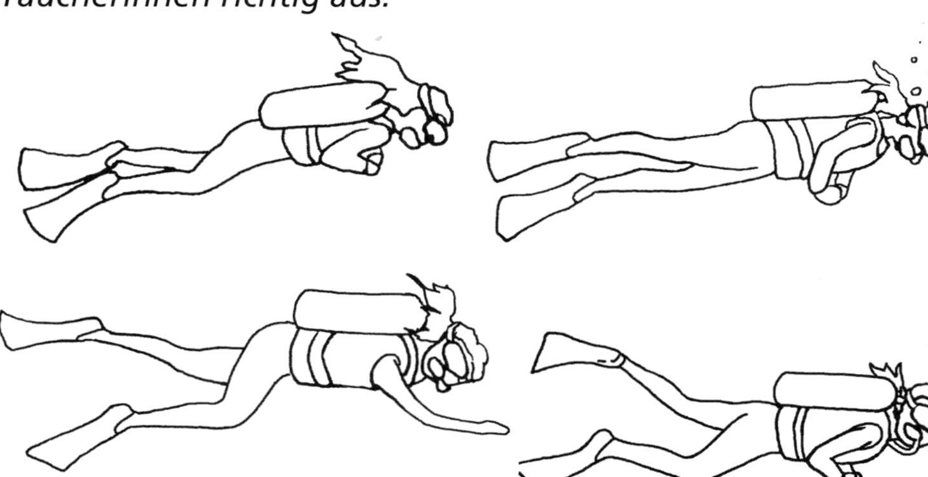

1. Über der Taucherin im grünen Anzug schwimmt die Taucherin im blauen Anzug.
2. Die vordere Taucherin im schwarzen Anzug schwimmt unter der Taucherin mit den schwarzen Flossen.
3. Eine der Taucherinnen hinten trägt orange Flossen, die andere gelbe.
4. Vor der Taucherin mit der roten Sauerstoffflasche schwimmt die Taucherin mit den blauen Flossen.
5. Hinter der Taucherin im roten Anzug schwimmt die Taucherin, die sowohl orange Flossen trägt als auch eine orange Sauerstoffflasche hat.
6. Die Taucherin mit der gelben Sauerstoffflasche schwimmt unter der Taucherin mit der blauen Sauerstoffflasche.

Hunde

4

Male die Hunde richtig aus!
Schreibe die Namen der Hunde in die Kästchen!
Beschrifte die Startnummern der Hunde!

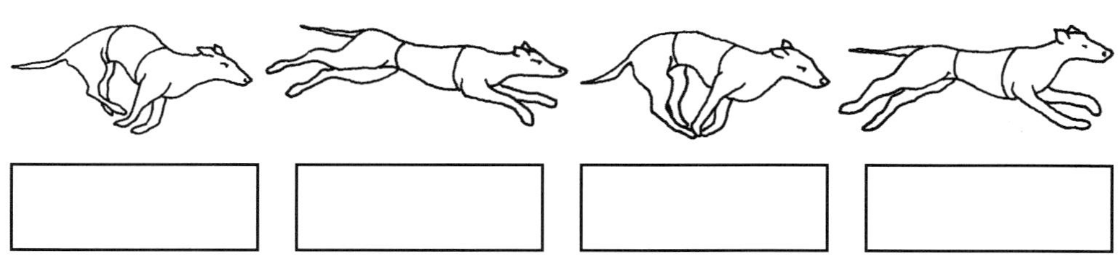

1. Der gelbe Hund und der braune Hund sind am weitesten voneinander entfernt.
2. Die Startnummern lauten 10, 11, 14 und 26.
3. Der weiße Hund heißt Kimba.
4. Der gelbe Hund rennt nicht ganz hinten.
5. Zwischen dem gelben Hund und dem schwarzen Hund rennt der weiße Hund.
6. Der schwarze Hund hat die Startnummer 14.
7. Der Hund mit der höchsten Startnummer rennt nicht ganz hinten.
8. Apollo rennt nicht direkt vor oder hinter Kimba.
9. Der Hund mit der ungeraden Startnummer rennt nicht am Rand.
10. Hasso rennt nicht wie Rocky zwischen zwei anderen Hunden.

Ostereier

4

Zeichne die richtigen Muster auf die Ostereier.
Male die Ostereier richtig aus.
Schreibe in die Kästchen, wer die Eier bemalt hat.

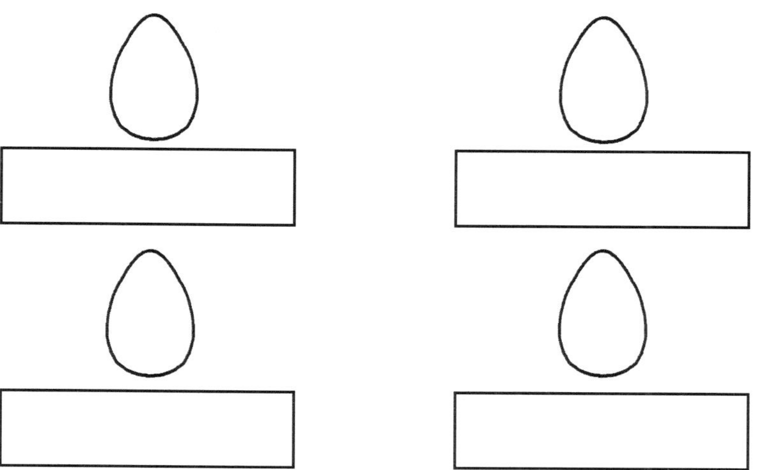

1. Eines der Eier oben hat drei rote Wellenlinien, das andere drei orange Zickzacklinien.
2. Die unteren Eier sind nicht von Kevin und Alfred bemalt.
3. Monica hat zwei schwarze Zickzacklinien gemacht.
4. Anja hat ihr Ei mit drei orangen Querlinien bemalt.
5. Links ist das violette Ei.
6. Die Eier sind blau, gelb, violett oder grün.
7. Weder Alfred noch Anja haben ihre Eier blau bemalt.
8. Monica hat ihr Ei grün bemalt.
9. Oben rechts ist das Ei mit den drei roten Wellenlinien.
10. Links ist ein Ei mit Querlinien.
11. Alfreds Ei ist rechts oben.

Regenwetter

4

Male die Schirme, Mäntel und Stiefel der Kinder richtig aus.
Schreibe in die Kästchen, wie die Kinder heißen.

1. Daniel trägt grüne Gummistiefel.
2. Sara trägt einen roten Mantel.
3. Mirjam trägt einen gelben Mantel.
4. Links vom Kind mit dem roten Schirm steht das Kind mit den orangen Stiefeln.
5. Das Kind mit dem grünen Schirm steht am weitesten vom Kind mit dem blauen Schirm entfernt.
6. In der Mitte stehen die Kinder mit den blauen und grünen Mänteln.
7. Yvo trägt einen grünen Mantel.
8. Links vom Kind mit dem grünen Schirm steht das Kind mit den grünen Gummistiefeln.
9. Das Kind mit dem gelben Mantel steht links.
10. Das Kind mit den blauen Stiefeln steht rechts vom Kind mit dem orangen Schirm.
11. Links vom Kind mit dem orangen Schirm steht das Kind mit den gelben Stiefeln.

Schiffe

4

Male die Schiffe und die Segel richtig aus.
Zeichne die fehlenden Personen.

1. Insgesamt sind es elf Personen.
2. Das Schiff rechts ist nicht gelb.
3. Eines der mittleren Segel ist rot, das andere grün.
4. Das rote Schiff mit den zwei Personen schwimmt rechts.
5. Links vom gelben Schiff schwimmt das Schiff mit dem grünen Segel.
6. Das blaue Schiff schwimmt links vom violetten Schiff.
7. Auf einem Schiff am Rand sind drei Personen.
8. Das weiße Segel gehört zum blauen Schiff.
9. Auf dem gelben Schiff sind doppelt so viele Personen wie auf dem Schiff mit dem grünen Segel.
10. Ein Schiff, auf dem nicht drei Personen sind, hat ein blaues Segel.

Schmetterlinge

4

Male die Schmetterlinge richtig aus.

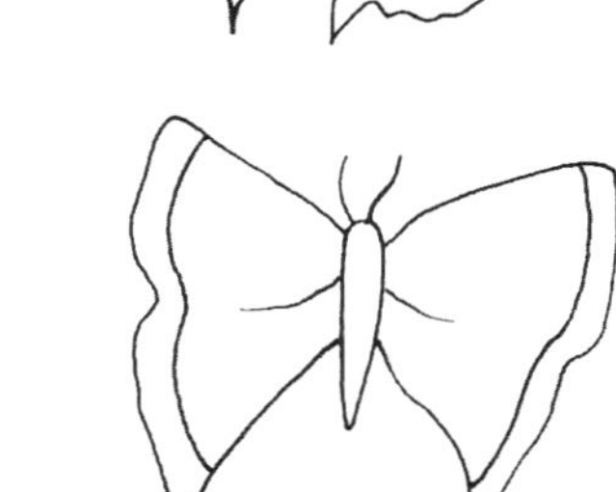

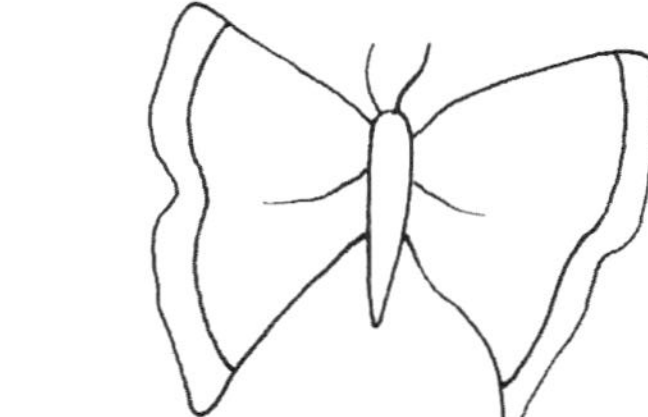

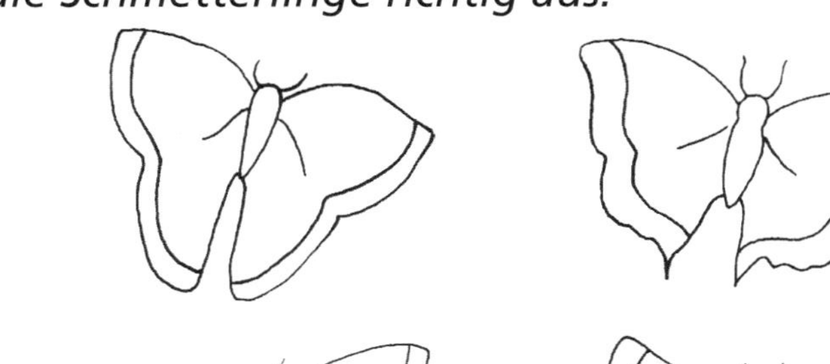

1. Die Ränder der Flügel sind rot, gelb, blau oder violett.
2. Der Schmetterling mit dem schwarzen Körper fliegt über dem Schmetterling mit den grünen Flügeln.
3. Der Schmetterling mit dem orangen Körper fliegt links unten.
4. Der Schmetterling mit den grünen Flügeln fliegt unter dem Schmetterling mit den roten Flügeln.
5. Der Schmetterling mit dem violetten Körper fliegt links vom Schmetterling mit den blauen Flügelrändern.
6. Einer der oberen Schmetterlinge hat rote Flügel, der andere orange.
7. Links vom Schmetterling mit den gelben Flügelrändern fliegt der Schmetterling mit den violetten Flügelrändern.
8. Der Schmetterling mit den blauen Flügeln fliegt neben dem Schmetterling mit dem braunen Körper.

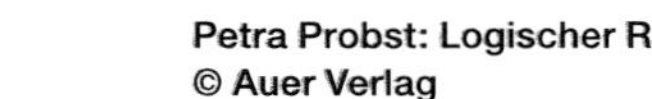

Frösche

4

Male die Frösche richtig aus.
Schreibe in die Kästchen, wo sich die Frösche aufhalten.

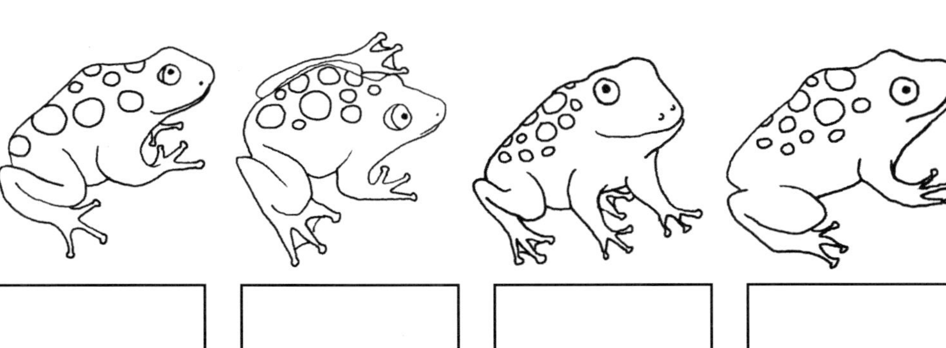

1. Der Frosch in der Höhle ist hellgrün.
2. Der Frosch mit den orangen Punkten hockt am Bach.
3. Der braune Frosch sitzt vor dem Frosch mit den violetten Punkten.
4. Der vorderste Frosch ist orange und hat blaue Punkte.
5. Der braune und der dunkelgrüne Frosch sind in der Mitte.
6. Hinter dem blaugepunkteten Frosch im Regenwald hockt der dunkelgrüne Frosch am Bach.
7. Der Frosch am Weiher hat rote Punkte.

Sonnenschein

4

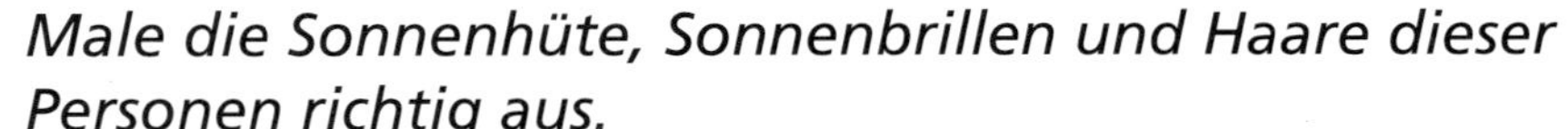

Male die Sonnenhüte, Sonnenbrillen und Haare dieser Personen richtig aus.

1. Die Person mit dem blauen Hut ist nicht neben der Person mit dem violetten Hut.
2. Die braunhaarige Person trägt weder eine rote noch eine grüne Brille.
3. Rechts von der Person mit der orangen Brille ist die braunhaarige Person.
4. Die blonde Person ist neben der schwarzhaarigen Person.
5. Die rothaarige Person trägt einen blauen Hut.
6. Neben der Person mit dem grünen Hut ist die schwarzhaarige Person.
7. Die zweite Person von links trägt einen braunen Hut.
8. Die Person mit der blauen Brille ist rechts von der Person mit dem violetten Hut.
9. Weder die rote noch die orange Brille ist am Rand.

Bilder 4

Male die Bilderrahmen und die Bilder richtig aus!

1. Das Bild mit dem roten Rahmen hängt schräg über dem Bild mit dem orangen Rahmen.
2. Die Hintergründe sind schwarz, blau, orange oder rot.
3. Das Bild mit dem orangen Hintergrund hängt rechts vom Bild mit dem violetten Rahmen.
4. Das Bild mit dem schwarzen Hintergrund hängt unten und hat ein grünes Herz.
5. Das Bild mit dem grünen Rahmen hängt unten.
6. Das rote Herz ist auf blauem Hintergrund.
7. Das blaue Herz hängt rechts vom Bild mit dem violetten Rahmen.
8. Über dem Bild mit dem orangen Rahmen hängt das Bild mit dem gelben Herz.
9. Das Bild mit dem blauen Herz hängt schräg über dem Bild mit dem schwarzen Hintergrund.

Drachen 4

Male die Drachen und deren Münder richtig aus!
Zeichne die fehlenden Schleifen beim Schwanz ein!

1. Der Drachen mit dem blauen Mund hat vier Schleifen.
2. Insgesamt haben die Drachen vierzehn Schleifen.
3. Der Drachen links vom blauen Drachen hat einen blauen Mund.
4. Der Drachen mit dem grünen Mund hat halb so viele Schleifen wie der Drachen mit dem blauen Mund.
5. Der Drachen mit den drei Schleifen ist grün.
6. Der rote Drachen fliegt direkt unter dem orangen Drachen.
7. Der Drachen mit dem roten Mund ist blau.
8. Der Drachen unten rechts hat einen orangen Mund.
9. Der rote Drachen fliegt neben dem grünen Drachen.

Petra Probst: Logischer Rätselspaß
© Auer Verlag

Transportmittel

Male die Kinderwagen richtig aus!
Schreibe die Namen der Babys auf die Kinderwagen!
Schreibe unten in die Kästchen, wie alt die Babys sind!

1. Zwischen dem roten Wagen und dem gelben Wagen steht ein anderer Wagen.
2. Linus ist mit seinen fünf Monaten das älteste Baby.
3. Linus liegt im roten Wagen.
4. Links von Alinas Wagen steht Yannicks Wagen.
5. Insgesamt sind die Babys vierzehn Monate alt.
6. Ein Wagen ist grün.
7. Yannick ist doppelt so alt wie Alina.
8. Im Wagen links außen liegt Mona.
9. Der Wagen von Linus steht links von Yannicks Wagen.
10. Yannicks Wagen ist blau.
11. Mona ist halb so alt wie Yannick und Alina zusammen.

Hasen

Male die Osterhasen, deren Fliegen und die Pinselspitzen richtig aus!

1. Rechts vom weißen Osterhasen steht der orange Osterhase.
2. Der schwarze Osterhase steht rechts am Rand.
3. Der braune Osterhase steht am weitesten vom schwarzen Osterhasen entfernt.
4. Der vierte Hase von links hält einen gelben Pinsel.
5. Ein Osterhase am Rand trägt eine blaue Fliege.
6. Der Osterhase mit der gelben Fliege steht nicht neben dem Osterhasen mit dem blauen Pinsel.
7. Der dritte Osterhase von rechts trägt eine grüne Fliege.
8. Der Osterhase mit dem orangen Pinsel steht links vom Osterhasen mit dem grünen Pinsel.
9. Der Osterhase mit der roten Fliege steht am weitesten vom Osterhasen mit dem gelben Pinsel entfernt.

Katzen

4

Male die Katzen, die Halsbänder und die Katzenkörbe richtig aus!

1. Die Katze im roten Katzenkorb ist braun.
2. Die Katze im gelben Katzenkorb trägt ein oranges Halsband.
3. Die braune Katze trägt ein blaues Halsband.
4. Die weiße Katze trägt ein violettes Halsband.
5. Die Katze links außen sitzt im grünen Katzenkorb.
6. Die orange Katze ist nicht neben der braunen Katze.
7. Eine Katze trägt ein grünes Halsband.
8. Eine Katze am Rand ist schwarz.
9. Der gelbe Katzenkorb steht am Rand.
10. Der blaue Katzenkorb steht nicht neben dem gelben Katzenkorb.

Möbel

4

Male die Bretter, die Seitenwände und die Rückwände des Regals richtig aus!
Zeichne die fehlenden Gegenstände ins Regal!

1. Auf dem vierten Brett von unten steht eine rote Schachtel.
2. Eine Rückwand ist gelb.
3. Die blaue Vase steht nicht direkt über der grünen Tasse.
4. Unter der Vase stehen drei orange Bücher.
5. Die Seitenwände und zwei Bretter sind braun.
6. Das mittlere Brett ist rot.
7. Die Rückwand unter den Büchern ist rot.
8. Die Rückwand direkt über der violetten Rückwand ist orange.
9. Das unterste und das oberste Brett sind schwarz.
10. Die Rückwand mit den Büchern ist violett.

Telefone

4

Male die Haare und Telefone der Personen richtig aus.
Zeichne die T-Shirts und male sie aus.
Schreibe in die Kästchen, mit wem die Personen telefonieren.

1. Eine der zwei Personen links trägt ein rotes T-Shirt, die andere ein grünes.
2. Die Person, die sagt: „Guten Tag, da ist Möhl, ich hätte gerne ein Taxi bestellt ...“, trägt ein gelbes T-Shirt.
3. Die Person mit dem orangen Telefon sagt: „Guten Tag, ich hätte gerne die Telefonnummer von Erika Huber in ...“
4. Links von der Person im gelben T-Shirt telefoniert die braunhaarige Person.
5. Die schwarzhaarige Person rechts sagt: „Guten Tag Herr Rey, da ist Frau Roth, die Mutter von Mario. Ich möchte ihn heute für die Schule entschuldigen. Er ist krank ...“
6. Ganz links telefoniert die grauhaarige Person mit roten T-Shirt mit einem orangen Telefon.
7. Die Person mit dem grünen Telefon ist rechts neben der Person mit dem roten Telefon.
8. Die Person, die mit Marlene telefoniert, ist nicht neben der Person mit dem blauen Telefon.
9. Die blonde Person ist links von der Person im violetten T-Shirt.

Uhren

4

Male die Uhren in der richtigen Farbe aus!
Schreibe die richtige Zeit auf die Uhren!
Schreibe in die Kästchen, für welche Städte die Uhren die Zeit anzeigen!

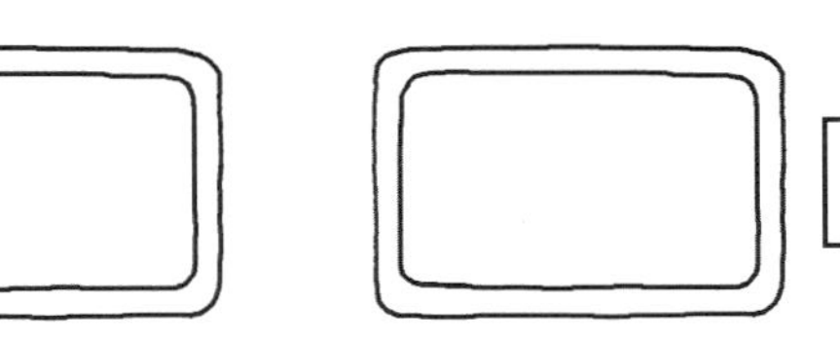

1. Die London-Uhr zeigt 11.00 an und ist blau.
2. Eine Uhr zeigt 05.00 an.
3. Links neben der orangen Uhr ist die London-Uhr.
4. Die Uhren oben sind nicht gelb.
5. Die Moskau-Uhr zeigt drei Stunden später als die London-Uhr an.
6. Die Uhr, die 18.00 anzeigt, ist violett.
7. Die violette Uhr steht direkt unter der orangen Uhr.
8. Die Chicago-Uhr ist orange.
9. Die Uhr unten rechts ist die Bangkok-Uhr.

Gefäße

4

*Male die Krüge und deren Henkel richtig aus!
Schreibe in die Kästchen, womit die Krüge gefüllt sind!*

1. In den Krügen ist Milch, Tee, Sirup oder Wasser.
2. Der Milchkrug hat einen blauen Henkel.
3. Rechts vom Krug mit dem blauen Henkel steht der Krug mit dem roten Henkel.
4. Der blaue Wasserkrug steht am weitesten vom Milchkrug entfernt.
5. Im grünen Krug ist kein Tee.
6. Der rote Krug steht ganz links außen.
7. Der Milchkrug steht nicht neben dem Teekrug.
8. Ein Krug ist orange.
9. Der Krug mit dem violetten Henkel steht zwischen dem Krug mit dem roten Henkel und dem Krug mit dem grünen Henkel.

Prinzessinnen

4

Male die Haare und die Kleider der Prinzessinnen richtig aus! Schreibe in die Kästchen, wie die Schlösser heißen, die sie bewohnen!

1. Die schwarzhaarige Prinzessin vom Schloss Diamantenberg steht nicht neben der Prinzessin im blauen Kleid.
2. Am Rand steht die Prinzessin im grünen Kleid.
3. Die blonde Prinzessin steht neben der Prinzessin vom Schloss Silberwald.
4. Die Prinzessin links außen trägt ein rotes Kleid.
5. Die Prinzessin vom Schloss Rosenberg hat braune Haare.
6. Direkt zwischen der rothaarigen Prinzessin und der schwarzhaarigen Prinzessin steht die Prinzessin vom Schloss Rosenberg.
7. Die Prinzessin im orangen Kleid steht nicht neben der Prinzessin im roten Kleid.
8. Die Prinzessin vom Schloss Goldberg hat keine roten Haare.

Gemüse

4

Zeichne das eingekaufte Gemüse in die Taschen.
Schreibe in die Kästchen, wem die Taschen gehören.

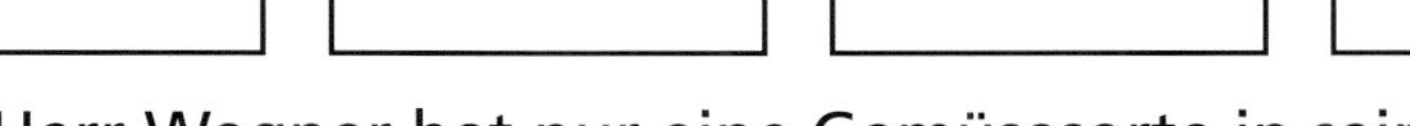

1. Herr Wagner hat nur eine Gemüsesorte in seiner Tasche.
2. Herr Müller hat vier Tomaten gekauft.
3. In der zweiten Tasche von rechts sind zwei Gemüsesorten.
4. Insgesamt sind es drei Gurken, zehn Tomaten und zwölf Karotten.
5. Frau Weber hat doppelt so viele Karotten wie Frau Meier gekauft.
6. Herr Müller hat eine Gurke mehr als Frau Meier gekauft.
7. Die Taschen der Männer sind nicht am Rand.
8. In den beiden Taschen rechts befinden sich Gurken.
9. Links ist die Tasche mit der Hälfte aller Tomaten.
10. Herr Wagner hat die Hälfte aller Karotten gekauft.

Schnecken

4

Male die Schnecken und deren Häuschen richtig aus.
Schreibe in die Kästchen, wie die Schnecken heißen.

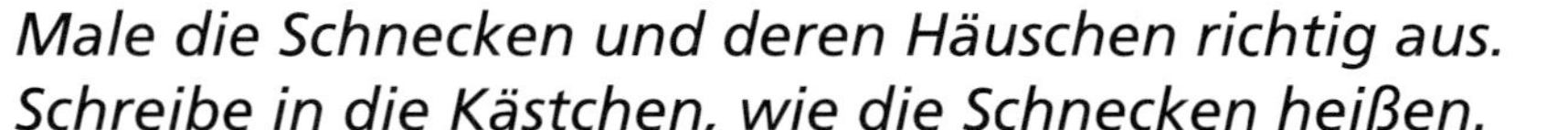

1. Die Schneckenhäuser sind rot, blau, grün oder braun.
2. Die schwarze Schnecke kriecht nicht am Rand.
3. Die Schnecke mit dem blauen Häuschen kriecht vor der Schnecke mit dem roten Häuschen.
4. Die Schnecke mit dem roten Häuschen kriecht vor der schwarzen Schnecke.
5. Peino kriecht hinter Tacho.
6. Turbo ist orange.
7. Tacho kriecht zwischen der gelben Schnecke und der Schnecke mit dem roten Häuschen.
8. Die braune Schnecke kriecht direkt vor der Schnecke mit dem grünen Häuschen.
9. Eine Schnecke heißt Nipo.

Prinzen 4

Male die Steine der Kronen und die Haare der Prinzen richtig aus. Schreibe in die Kästchen, was die Prinzen am liebsten trinken.

1. Die Prinzen am Rand haben die gleiche Haarfarbe.
2. Der blonde Prinz ist rechts vom Prinzen mit den blauen Steinen in der Krone.
3. Die Krone mit den roten Steinen trägt der Prinz, dessen Lieblingsgetränk Vanilletee ist.
4. Rechts vom Prinzen mit den braunen Haaren ist kein anderer Prinz mehr.
5. Der Prinz mit den grünen Steinen in der Krone ist zwischen dem Prinzen mit den roten und dem Prinzen mit den orangen Steinen.
6. Der schwarzhaarige Prinz bevorzugt Kokosmilch.
7. Der Prinz, dessen Lieblingsgetränk Beerenmilch ist, steht am weitesten vom Prinzen mit den blauen Steinen in der Krone entfernt.
8. Ein Lieblingsgetränk ist Traubensaft.

Hexen 4

Male die Kopftücher und die Kleider der Hexen richtig aus! Schreibe in die Kästchen, welche Haustiere die Hexen haben!

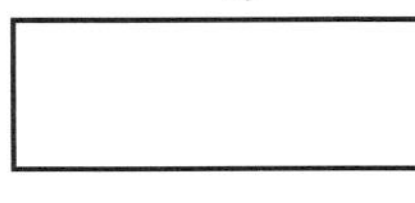

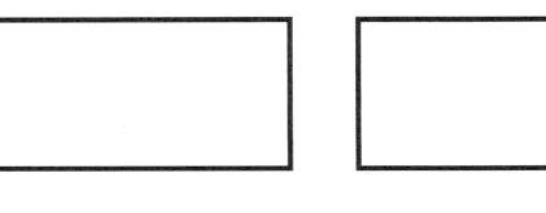
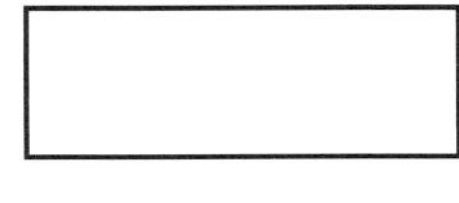
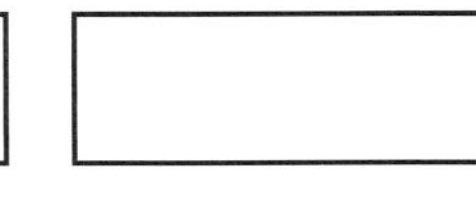

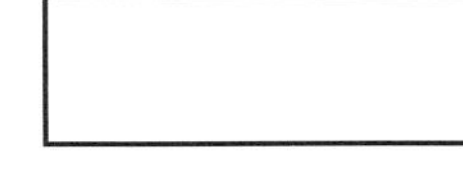

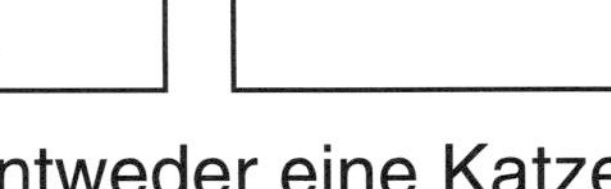
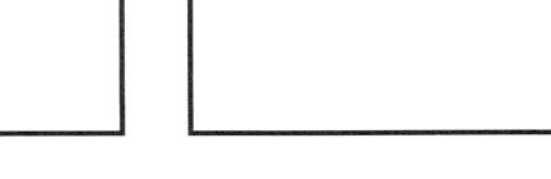

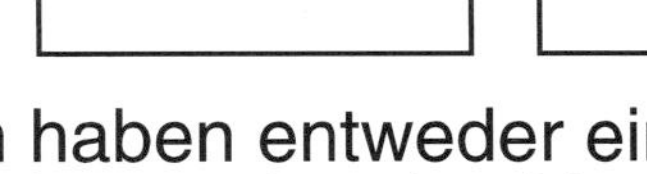

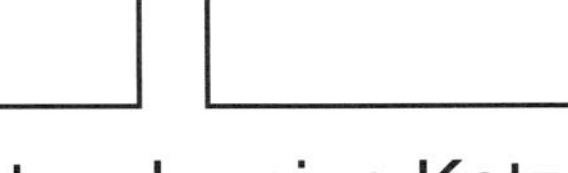

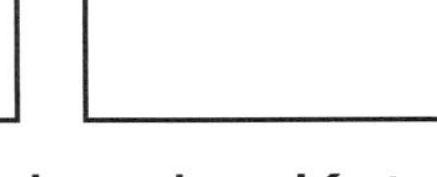
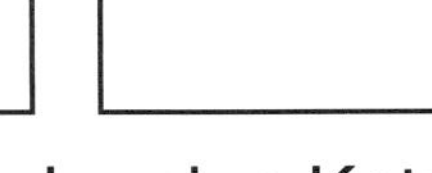

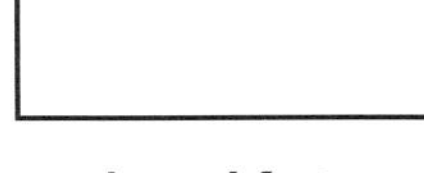

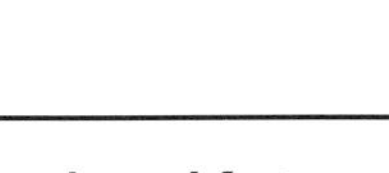
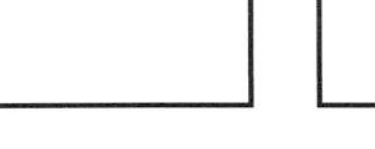

1. Die Hexen haben entweder eine Katze, einen Raben, einen Goldfisch oder eine Kröte.
2. Eine Hexe am Rand trägt ein violettes Kleid.
3. Die Hexe mit grünem Kopftuch steht nicht am Rand.
4. Die Hexen, die nicht am Rand stehen, haben keine Katze.
5. Eine Hexe trägt ein blaues Kleid.
6. Die Hexe mit dem gelben Kopftuch hat eine Kröte.
7. Die Hexe, die drei andere Hexen vor sich hat, hat einen Raben.
8. Die Hexe, die ein rotes Kopftuch trägt, steht vor der Hexe im orangen Kleid.
9. Die Hexe mit der Kröte steht hinter der Hexe im violetten Kleid.
10. Die Hexe mit dem roten Kleid steht vor der Hexe, die ein violettes Kopftuch trägt.

7 Lösungen

Außerirdische 1

Haare *Hautfarbe* *Hosen*	orange gelb blau-grün quer gestreift	grün rot violett	violett grün blau-weiß längs gestreift

Außerirdische 2

Kopf *Körper* *Füße*	blau rot grün	violett grün blau	rot orange gelb

Außerirdische 3

Kopf *Körper* *Füße*	rot grün violett	violett blau orange	gelb rot blau

Außerirdische 4

Kopf *Körper* *Schwanz* *Name*	orange violett rot Klepomix	grün rot gelb Turix	rot orange blau Xavix	violett blau grün Holprix

Bilder 1

Rahmen *Hintergrund* *Hand*	grün orange rot	violett gelb blau	rot schwarz orange

Bilder 2

Rahmen *Hintergrund* *Apfel*	gerade violett blau	gewellt orange grün	gezackt gelb rot

Bilder 3

Rahmen *Hintergrund* *Blume*	gelb orange rot	grün gelb violett	rot grün blau

Bilder 4

Rahmen *Hintergrund* *Herz*	**oben** violett rot gelb	rot orange blau	**unten** orange schwarz grün	grün blau rot

Blumen 1

Blüte *Mitte* *Stielblätter*	4 rot spitz violett 5 dunkelgrün, rund	5 gelb rund blau 4 hellgrün, spitz	5 blau rund violett 5 hellgrün, rund

Blumen 2

Blüte *Stielblätter* *Vase*	gelb hellgrün rot	orange dunkelgrün violett	rot hellgrün blau

Blumen 3

Blüte *Mitte* *Stielblätter*	7 rot spitz blau 5 hellgrün, rund	5 orange spitz gelb 4 dunkelgrün, spitz	5 violett rund rot 4 dunkelgrün, spitz

Blumen 4

Blüte *Stielblätter* *Ort*	orange hellgrün Garten	gelb dunkelgrün Wald	rot hellgrün Schulhaus	violett dunkelgrün Wiese

Clowns 1

Hut	rot	orange	blau
Jacke	blau	grün	gelb
Hose	orange gepunktet	braun gestreift	rot
Schuhe	violett	schwarz	violett

Clowns 2

Mantel	rot	violett	grün
Gegenstand	Trompete	Reif	Flasche
Name	Rick	Rack	Ruck

Clowns 3

Hut	blau	rot	grün
Haare	rot	orange	schwarz
Jacke	grün	rot	blau
Hose	orange	grün	rot
Schuhe	grün	blau	orange

Clowns 4

Bälle	1	7	2	5
Mantel	violett	gelb	orange	rot
Schuhe	gelb	grün	blau	orange

Drachen 1

Flügel	violett	blau	rot
Drache	rot	grün	orange
Name	Umtati	Xingu	Peixe

Drachen 2

Flügel	rot	orange gestreift	violett gepunktet
Drache	blau	rot	grün
Krallen	4	3	2

Drachen 3

Kamm	blau	grün	violett
Drache	grün	orange	rot
Eier	3	5	4

Drachen 4

	oben		**unten**	
Drachen	orange	blau	rot	grün
Mund	blau	rot	grün	orange
Schleife	4	5	2	3

Eisbecher 1

Dekoration	gelber Sonnenschirm	grüne Palme	rote Blume
Eis	rot, gelb, braun	2 orange, gelb	rot, gelb, braun
Glas	grün	rot	blau

Eisbecher 2

Dekoration	Brombeere	Erdbeere	Stück Banane
Eis	1 orange, 2 violett	1 braun, 2 rot	2 violett, 1 rot
Schale	grün	grün	grün
Name	Samba	Rumba	Mambo

Eisbecher 3

Dekoration	grün	rot	gelb
Eis	braun	gelb	rot
Glas	grün	orange	blau

Eisbecher 4

Eis	gelb	braun	orange	grün
Glas	grün	rot	blau	gelb
Name	Joko	Jambo	Reki	Yeti

Fische 1

Kopf *Fisch* *Gewässer*	gelb rot See	grün violett Meer	orange blau Fluss

Fische 2

Kopf *Punkte* *Fisch*	grün schwarz orange	rot gelb violett	orange blau grün

Fische 3

Kopf *Körper* *Flossen*	blau gelb orange	orange violett rot	rot grün blau

Fische 4

 Kopf *Körper* *Flossen*	**oben** grün rot gelb	 rot violett rot	**unten** violett gelb grün	 blau orange blau

Frösche 1

Krone *Frosch* *Name*	rot braun Quak-Quak	gelb dunkelgrün Quak-Quok	blau hellgrün Quak-Quik

Frösche 2

Frosch *Punkte* *Weite*	blau gelb 4 m	grün orange 3 m	schwarz rot 1 m

Frösche 3

Augen *Frosch* *Name*	schwarz grün Kleopatra	blau braun Napoleon	rot blau Cäsar

Frösche 4

Frosch *Punkte* *Ort*	hellgrün violett Höhle	braun rot Weiher	dunkelgrün orange Bach	orange blau Regenwald

Früchte 1

Früchte *Schale* *Name*	3 Orangen, 1 Banane violett Bea	1 Zitrone, 2 Orangen grün Claudia	2 Äpfel, 1 Banane blau Florian

Früchte 2

Apfel *Birne* *Trauben* *Schale*	rot gelb grün blau	grün gelb blau orange	gelb grün grün rot

Früchte 3

Früchte *Schale* *Obst*	1 Zitrone, 2 Orangen, 1 Grapefruit rot Zitrusfrüchte	2 Äpfel, 1 Birne blau Kernobst	3 Pflaumen, 2 Aprikosen, 1 Pfirsich grün Steinobst

Früchte 4

Apfel *3 …* *Birne* *Teller*	grün Pflaumen (rot) grün rot	rot Pflaumen (rot) gelb schwarz	gelb Aprikosen (orange) gelb grün	grün Mirabellen (gelb) grün blau

Gefäße 1

Flasche	orange	blau	grün
Etikette	rot	gelb	violett
Inhalt	Öl	Sirup	Essig

Gefäße 2

Tasse	grün	orange	rot
Name	Max	Anna	Leo
Inhalt	Tee	Kaffee	Milch

Gefäße 3

Deckel	rot	orange	blau
Dose	violett	gelb	grün
Inhalt	Zucker	Mehl	Salz

Gefäße 4

Krug	rot	grün	orange	blau
Henkel	blau	rot	violett	grün
Inhalt	Milch	Sirup	Tee	Wasser

Gemüse 1

Gemüse	2 Tomaten, 2 Karotten	4 Kartoffeln, 2 Gurken	1 Tomate, 1 Karotte, 1 Kartoffel, 1 Gurke
Teller	blau	orange	blau
Name	Sabine	Bastian	Ramona

Gemüse 2

Haare	5 Gurkenstängelchen	7 Karottenstängelchen	5 Gurkenstängelchen
Augen	Gurkenrädchen	Gurkenrädchen	Gurkenrädchen
Nase	Karottenstängelchen	Karottenstängelchen	Gurkenstängelchen
Mund	Tomatenschnitz	halbes Gurkenrädchen	Tomatenschnitz

Gemüse 3

Garnitur	Schnittlauch	Basilikum	Petersilie
Teller	grün	gelb	blau
Suppe	Karottensuppe	Tomatensuppe	Kürbissuppe

Gemüse 4

Gurken	–	–	2	1
Karotten	4	6	–	2
Tomaten	5	–	4	1
Name	Frau Weber	Herr Wagner	Herr Müller	Frau Meier

Hasen 1

Hase	orange	braun	schwarz
Eier	rot	blau	rot
Korb	grün	rot	violett

Hasen 2

Hase	gelb	braun	orange
Eier	4	3	2
Korb	rot	violett	blau

Hasen 3

Hase	schwarz	braun	weiß
Karotten	2	3	3
Name	Hopsi	Pfüpfi	Nudi

Hasen 4

Hase	braun	weiß	orange	schwarz
Fliege	rot	grün	gelb	blau
Pinsel	blau	orange	grün	gelb

Häuser 1

Haus *Türe* *Name*	violett orange Kunz	rot gelb Moreno	braun grün Seiler

Häuser 2

Fensterläden *Haus* *Türe*	grün rot blau	rot orange braun	blau gelb grün

Häuser 3

Kamin *Fenster* *Straße*	2 5 Seestraße	1 4 Gartenstraße	1 6 Bergstraße

Häuser 4

Nummer *Haus* *Fensterläden* *Türe*	12 gelb rot violett	10 orange blau rot	8 blau orange violett	6 grün rot orange

Hexen 1

Kopftuch *Kleid* *Gegenstand*	orange grün Katze	rot orange Besen	grün blau Laterne

Hexen 2

Kopftuch *Kleid* *Topf*	violette Kreise grün Kräuter	blaue Punkte gelb Pilze	orange Streifen rot Käferbeine

Hexen 3

Hexe *Besen* *Name*	blau grün Traxi	rot blau Trixi	gelb orange Trexi

Hexen 4

Kopftuch *Kleid* *Tier*	violett blau Rabe	grün rot Goldfisch	gelb orange Kröte	rot violett Katze

Hunde 1

Halsband *Farbe* *Name*	grün braun Lumpi	blau gelb Momo	rot schwarz Rex

Hunde 2

Hundehütte *Name* *Farbe*	grün Fifi schwarz	rot Bello braun	gelb Waldi weiß

Hunde 3

Hundekorb *Was fehlt* *Name*	blau Ball Toni	rot Knochen Sandra	grün Leine Franziska

Hunde 4

Nummer *Farbe* *Name*	10 braun Apollo	14 schwarz Rocky	11 weiß Kimba	26 gelb Hasso

Indianer 1

Feder *Kleider* *Name*	grün blau Starker Bär	blau orange Große Wolke	rot braun Flinker Hase

Indianer 2

Feder *Stirnband* *Spielzeug*	orange braun Puppe	rot grün Schiff	grün blau Trommel

Indianer 3

Kleid *Dekoration* *In der Hand*	braun rote Blume Krug	rot grüner Stern Blume	blau gelbe Sonne Holz

Indianer 4

 Kleid *Paddel* *Name*	**oben** braun orange Stilles Wasser	 braun rot Blaue Welle	**unten** orange blau Kleiner Tropf	 orange grün Großer Tropf

Käfer 1

Kopf *Flügel* *Beine*	grün blau schwarz	grün orange braun	rot blau grün

Käfer 2

Kopf *Muster* *Flügel*	blau gelb orange	braun rot violett	gelb grün blau

Käfer 3

Kopf *Flügel* *Ort*	blau rot Apfelbaum	braun gelb Rose	rot grün Wiese

Käfer 4

 Kopf *Flügel* *Beine*	**oben** rot blau orange	 violett rot braun	**unten** gelb orange schwarz	 braun grün gelb

Katzen 1

Farbe *Korb* *Name*	schwarz gelb Blacky	braun orange Mimi	rot blau Lolo

Katzen 2

Katzen *Korb* *Name*	3 grün Gabriel	4 rot Moritz	2 gelb Laura

Katzen 3

Farbe *Was fehlt* *Name*	rot Halsband Mao	schwarz Maus Mizi	braun Wollknäuel Strolchi

Katzen 4

Farbe *Halsband* *Korb*	orange grün grün	weiß violett blau	braun blau rot	schwarz orange gelb

Kuchen 1

Kuchen	orange	braun	gelb
Platte	rot	grün	blau
Name	Daniel	Sandro	Andrea

Kuchen 2

Kerzen	6	3	4
Kuchen	braun	orange	gelb
Platte	rot	blau	grün

Kuchen 3

Dekoration	5 blaue Quadrate	7 rote Kreise	3 grüne Dreiecke
Glasur	gelb	braun	orange
Name	Martin	Angela	Lena

Kuchen 4

Kerzen	4	7	6	3
Kuchen	orange	braun	rot	gelb
Name	Jonas	Leoni	David	Svenja

Möbel 1

Schublade	rot	orange	blau
Griff	grün	violett	rot
Inhalt	Garn	Wolle	Stoff

Möbel 2

Kissen	gelb	orange	schwarz
Stuhl	blau	violett	grün
Name	Marina	Iwan	Barbara

Möbel 3

Gegenstand	violette Tasse	blaue Vase	grüne Flasche
Platte	grün	rot	orange
Beine	braun	schwarz	blau

Möbel 4

von unten:				
Gegenstand	grüne Tasse	drei orange Bücher	blaue Vase	rote Schachtel
Rückwand	rot	violett	orange	gelb
Brett	schwarz	braun	rot	braun
oberstes Brett				schwarz
Seitenwände				braun

Ostereier 1

Ei	grün	orange	rot
Muster	2 schwarze Zickzacklinien	3 rote Wellenlinien	4 blaue Querstreifen
Name	Selina	Beate	Laura

Ostereier 2

Muster	3 orange Querstreifen	4 orange Querstreifen	2 grüne Längsstreifen
Farbe	blau	rot	gelb
Eierbecher	violett	grün	rot

Ostereier 3

Oberteil	grün	blau	rot
Mittelteil	orange	violett	blau
Unterteil	rot	orange	grün

Ostereier 4

	oben		**unten**	
Muster	3 orange Zickzacklinien	3 rote Wellenlinien	3 orange Querlinien	2 schwarze Zickzacklininen
Farbe	blau	gelb	violett	grün
Name	Kevin	Alfred	Anja	Monica

Pferde 1

Mähne/Schweif *Fell* *Name*	gelb braun Hanko	schwarz weiß Bianca	braun schwarz Prinz

Pferde 2

Mähne/Schweif *Fell* *Gegenstand*	braun schwarz Sattel	schwarz weiß nichts	gelb braun Decke

Pferde 3

Startnummer *Fell* *Name*	13 schwarz Trabi	19 weiß Popper	8 braun Speedy

Pferde 4

Mähne/Schweif *Fell* *Futter*	gelb braun Hafer	braun schwarz Karotten	schwarz braun Gras	schwarz weiß Zucker

Prinzen 1

Haare *Jacke* *Hose* *Stiefel* *Name*	braun rot blau schwarz Kasimir	blond violett braun grün Raffael	schwarz orange weiß schwarz Isidor

Prinzen 2

Haare *Schlafanzug* *Schlaftier*	blond grün Löwe	schwarz rot Teddybär	braun blau Hase

Prinzen 3

Haare *Umhang* *Schwestern*	blond rot 1	braun blau 2	schwarz grün 3

Prinzen 4

Steine *Haare* *Getränk*	blau braun Traubensaft	rot blond Vanilletee	grün schwarz Kokosmilch	orange braun Beerenmilch

Prinzessinnen 1

Haare *Kleid* *Name*	rot blau Albina	braun grün Stella	gelb rot Kunigunde

Prinzessinnen 2

Krone *Kleid* *Lieblingsessen*	grün violett Rösti	orange gelb Hamburger	rot blau Pizza

Prinzessinnen 3

Haarfarbe *Frisur* *Kette* *Kleid*	braun Zöpfe blau violett	rot lang gewellt grün orange	blond kurz orange blau

Prinzessinnen 4

Haare *Kleid* *Schloss*	blond rot Goldberg	rot blau Silberwald	braun orange Rosenberg	schwarz grün Diamantenberg

Regenwetter 1

Schirm	grün	blau	gelb
Jacke	gelb	rot	orange
Stiefel	violett	orange	schwarz
Name	Nico	Melissa	Emil

Regenwetter 2

Regenumhang	grün	gelb	rot
Schuhe	blaue Turnschuhe	orange Gummistiefel	braune Halbschuhe
Name	Marco	Elvira	Selina

Regenwetter 3

Farbe	grau	weiß	schwarz
Regentropfen	3	5	4
Dauer	1 Stunde	3 Stunden	2 Stunden

Regenwetter 4

Schirm	blau	rot	orange	grün
Mantel	gelb	grün	blau	rot
Stiefel	orange	gelb	grün	blau
Name	Mirjam	Yvo	Daniel	Sara

Schiffe 1

Segel	rot	gelb	grün
Schiff	violett	blau	orange
Name	Sebastian	Antonella	Christian

Schiffe 2

Verzierung	gelbe Sonne	rotes Herz	grüner Stern
Segel	blau	gelb	violett
Schiff	rot	grün	orange
Nummer	4	6	5

Schiffe 3

Fahne	rot	grün	blau
Schiff	blau	gelb	grün
Fahrziel	Genua	Bastia	Hamburg

Schiffe 4

Segel	weiß	grün	rot	blau
Personen	3	2	4	2
Schiff	blau	violett	gelb	rot

Schmetterlinge 1

Körper	braun	schwarz	gelb
Tropfen	orange	violett	schwarz
Flügel	blau	rot	orange

Schmetterlinge 2

Körper	braun	schwarz	orange
Vorderflügel	blau	rot	gelb
Hinterflügel	orange	violett	grün

Schmetterlinge 3

Punkte	rot	grün	schwarz
Flügel	violett	blau	orange
Körper	orange	schwarz	braun

Schmetterlinge 4

	oben		**unten**	
Körper	violett	schwarz	orange	braun
Flügel	orange	rot	blau	grün
and	rot	blau	violett	gelb

Schnecken 1

Haus	blau	rot	orange
Schnecke	schwarz	braun	gelb
Name	Astor	Pollux	Ajax

Schnecken 2

Haus	violett	gelb	grün
Schnecke	gelb	orange	braun
Essen	Kopfsalat	Ringelblumen	Tomate

Schnecken 3

Haus	violett	grün	rot
Schnecke	schwarz	orange	braun
Strecke	1 m	4 m	2 m

Schnecken 4

Haus	braun	grün	rot	blau
Schnecke	gelb	schwarz	braun	orange
Name	Peino	Tacho	Nipo	Turbo

Sonnenschein 1

Hut	violett	rot	blau
Brille	rot	blau	gelb
Name	Samuel	Katharina	Enzo

Sonnenschein 2

Sonnenschirm	orange	blau	grün
Badehose	blau	violett	rot
Badetuch	gelb	rot	orange

Sonnenschein 3

Hut	blau	schwarz	grün
Schutzfaktor	25	30	10
Name	Dominik	Melanie	Pascal

Sonnenschein 4

Hut	blau	braun	violett	grün
Sonnenbrille	grün	rot	orange	blau
Haare	rot	blond	schwarz	braun

Sport 1

Helm	rot	gelb	blau
Nummer	7	15	14
Anzug	grün	violett	gelb

Sport 2

Haare	braun	blond	schwarz
T-Shirt	grün	rot	gelb
Hose	orange	schwarz	blau
Socken	grün	rot	gelb
Schuhe	blau	schwarz	orange

Sport 3

Haare	schwarz	blond	rot
Kleid	grün	orange	blau
Schlittschuhe	grün	blau	rot

Sport 4

	oben		**unten**	
Flasche	orange	blau	rot	gelb
Anzug	blau	rot	grün	schwarz
Flossen	orange	schwarz	gelb	blau

Telefone 1

Haare	lang schwarz	kurz braun	kurz rot
Hörer	orange	gelb	violett
T-Shirt	blau	rot	grün
Gesprächspartner	Mutter	Reisebüro	Vater

Telefone 2

Knöpfe	gelb	grün	rot
Gehäuse	blau	violett	orange
Ort	Waschküche	Wohnzimmer	Jackentasche

Telefone 3

Haare	braun	schwarz	blond
Hörer	schwarz	rot	blau
Ort	bei Toni	Bushaltestelle	Bahnhof

Telefone 4

Haare	grau	braun	blond	schwarz
Hörer	orange	rot	grün	blau
T-Shirt	rot	grün	gelb	violett
Gesprächspartner	Auskunft	Marlene	Taxi	Herr Rey

Transportmittel 1

Auto	grün	rot	blau
Personen	1	3	2
Gegenstand	Antenne	Ski	Kiste

Transportmittel 2

Klingel	violett	orange	gelb
Sattel	gelb	rot	grün
Fahrrad	grün	blau	orange

Transportmittel 3

Leitwerk	rotes Dreieck	gelber Kreis	violettes Dreieck
Flugzeug	blau	orange	grün
Gesellschaft	Euroair	Sunair	Aerospeed

Transportmittel 4

Farbe	grün	rot	blau	gelb
Name	Mona	Linus	Yannick	Alina
Monate	3	5	4	2

Uhren 1

Verschluss	rot	violett	blau
Armband	orange	gelb	rot
Uhr	grün	rot	orange

Uhren 2

Gehäuse	blau	rot	orange
Ziffernblatt	orange	grün	violett
Name	Tante Ria	Tante Evi	Onkel Otto

Uhren 3

Armband	grün	orange	blau
Uhr	blau	gelb	rot
Zeit	16.00	12.00	14.00

Uhren 4

	oben		**unten**	
Uhr	blau	orange	gelb	violett
Zeit	11:00	05:00	14:00	18:00
Ort	London	Chicago	Moskau	Bangkok

Vögel 1

Schnabel *Federn* *Füße*	orange rot gelb	rot blau orange	gelb grün rot

Vögel 2

Schnabel *Federn* *Füße*	rot orange rot	orange rot gelb	gelb blau orange

Vögel 3

Schnabel *Federn* *Eier*	gelb rot 2	orange grün 4	rot blau 3

Vögel 4

Schwanzfeder *Farbe* *Name*	2 grün Paul	4 rot Maya	1 gelb Hugo	3 blau Michael

Zirkus 1

Name *Zelt* *Eingang*	Pepe orange-gelb gestreift violett	Helix orange-grün gestreift rot	Zumo rot-blau gestreift orange

Zirkus 2

T-Shirt *Hose* *Schuhe*	orange rot blau	violett blau orange	gelb orange rot

Zirkus 3

Hut *Kostüm* *Messer*	rot grün 6	schwarz blau 11	braun rot 3

Zirkus 4

	oben		**unten**	
Haare *T-Shirt* *Hose*	rot schwarz rot	blond rot orange	schwarz orange gelb	braun gelb schwarz

Zwerge 1

Mütze *Jacke* *Hose* *Familie*	blau orange rot Zwick	rot gelb grün Zwack	grün blau orange Zottel

Zwerge 2

Mütze *Kleider* *Gegenstand*	blau grün Sack	grün rot Laterne	gelb blau Schaufel

Zwerge 3

Zwerg *Knöpfe* *Name*	grün 1 Meier	gelb 3 Fischer	orange 2 Steiger

Zwerge 4

Hose *Edelsteine* *Name*	blau 5 Tors	grün 4 Mollo	orange 0 Zirp	rot 3 Dolk